生活中的数学

主　编　罗静妮

吉林大学出版社

·长　春·

图书在版编目(CIP)数据

　　生活中的数学 / 罗静妮主编.—长春：吉林大学
出版社，2020.3
　　ISBN 978-7-5692-6085-4

　　Ⅰ.①生…　Ⅱ.①罗…　Ⅲ.①数学课－中等专业学校
－教材　Ⅳ.①G634.601

　　中国版本图书馆 CIP 数据核字(2020)第 019761 号

书　　　名　生活中的数学
　　　　　　SHENGHUO ZHONG DE SHUXUE

作　　　者　罗静妮　主编
策划编辑　樊俊恒
责任编辑　张文涛
责任校对　田茂生
装帧设计　右序设计
出版发行　吉林大学出版社
社　　　址　长春市人民大街 4059 号
邮政编码　130021
发行电话　0431－89580028/29/21
网　　　址　http://www.jlup.com.cn
电子邮箱　jdcbs@jlu.edu.cn
印　　　刷　杭州良诸印刷有限公司
开　　　本　787mm×1092mm　　1/16
印　　　张　7
字　　　数　130 千字
版　　　次　2020 年 3 月　第 1 版
印　　　次　2021 年 1 月　第 2 次
书　　　号　ISBN 978-7-5692-6085-4
定　　　价　32.00 元

《生活中的数学》编委

主　编　罗静妮

副主编　潘万超

编　委　吴　旻　高强强　王惊涛

前　言

本书是面向中等职业学校所有专业的选修课程。职业教育是从事技术技能应用培养的教育,因此在本书编写的过程中,编者老师没有重点追求数学上的严密性和完备性,而是尽量以数学的应用来强化学生的数学思维,努力搭建起数学知识与现实应用的桥梁。本书的启发性和应用性很强,所用到的数学知识不仅仅是数学概念的理解、计算方法的训练,更多的是通过在实践探索、操作和体验中获得较完整且详细的知识,具有生活气息、可操作性和趣味性,能逐步提高学生的实践能力、策划能力和社会能力。

本书共十个项目,在"做""找资料""调查""实验"等一系列的活动中促进每个学生智力强项的发展,以及积极的个性心理特征的培养。内容上,本书选取了学生感兴趣的、与生活相关的、实用性强的知识作为项目课题,例如篮球架的高度、贷款方式的选择、游戏厅中的弹珠机等。

学习本书时应具备较好的动手操作能力,同时要有一定的团队协作能力。教师完成本书的教学参考学时为40课时,应让学生在学习本课程的过程中多动手操作来巩固理论和知识,增加实践课的形式考核其应用能力。建议每个项目的第一个课时完成理论教学,第二、第三个课时动手操作、制作或者户外实践,第四个课时进行汇报、评价,具体可依项目情况而定。教学方法上采取多样化教学,尽量把数学知识用游戏、实验、调查、方案等形式体现出来。利用各种不同的教学情境、教学方法来激发学生的思维,使学生有轻松学数学的体验。

由于编者的水平和经验有限,书中难免存在疏漏或者错误之处,敬请读者批评指正。

编者

2019 年 4 月

目　录

走进数学家们的世界

笛卡儿

题目

以小组为单位,通过网络查找、文献阅读或者请教数学老师等途径收集国内外比较著名的数学名人及其事迹,并且每个小组制作一份数学小报,最后向全班同学进行展示。

用具

手机或电脑(每小组至少一样)、8开纸、笔(绘画笔、签字笔等)、圆规、尺子。

链接

　　同学们,数学其实是一门很有趣味性的课程,而不是一堆枯燥的数字和公式,在本书中,我们将认识一门完全不一样的数学,需要通过小组合作、动手实践来真正发现数学的魅力。那么,让我们走进数学,了解一些数学家的故事,看看他们的成才之路吧!

数学家的故事

　　1.祖冲之

　　祖冲之(429—500)是我国杰出的数学家、天文学家、文学家、地质学家、地理学家和科学家。

　　在世界数学史上,祖冲之第一次将圆周率(π)值计算到小数点后七位,即3.141 592 6至3.141 592 7。他提出约率22/7和密率355/113,这一密率值是世界上最早提出的,成果领先西方世界近一千年。为了纪念祖冲之,把他算出的近似值叫作"祖率",也就是圆周率的祖先。他将自己的数学研究成果汇集成一部著作,名为《缀术》,唐朝国学曾经将此书定为数学课本。他还经过多年测算,编制了一部新的历法——《大明历》。这是当时世界上最先进的历法。《大明历》第一次将"岁差"引进历法,提出在391年中设置144个闰月。他推算出一回归年的长度为365.242 814 81日,误差只有50秒左右。

　　祖冲之不仅是一位杰出的数学家和天文学家,还是一位杰出的机械专家。他重新造出了早已失传的指南车、千里船、水碓磨等巧妙机械。此外,他对音乐也有研究,但早已失传。他的著作有《释论语》《释孝经》《易义》《老子义》《庄子义》及小说《述异记》等。

　　2.高斯

　　德国著名科学家高斯(1777—1855)(见图1-1),杰出的天文学家、数学家,出生在一个贫穷的家庭。高斯在还不会讲话时就自己学计算,在三岁时,有一天晚上,他看着父亲在算工钱,还纠正了父亲计算的错误。他在物理的电磁学方面也有一些贡献,磁场的CGS制计量单位就是以高斯来命名的。而数学家们则称呼他为"数学王子"。

高斯 8 岁时进入乡村小学读书。一天,教数学的老师给学生们出了一道难题。

"你们今天替我算,从 1 加 2 加 3 一直到 100 的和。"老师说完便一言不发地坐在椅子上。教室里的小朋友们拿起石板开始计算:"1 加 2 等于 3,3 加 3 等于 6,6 加 4 等于 10……"一些小朋友加到一个数后就擦掉石板上的结果,再加下去,后面的数字越来越大,很不好算。有些孩子的小脸都涨红了,手心、额头上渗出了汗来。还不到半个小时,小高斯拿起了他的石板走上前去说:"老师,答案是不是这样?"

图 1-1　高斯

老师头也不抬地说:"去,回去再算!错了。"他想不可能这么快就会有答案了。可是高斯却站着不动,把石板伸向老师面前:"老师! 我想这个答案是对的。"数学老师一看石板上整整齐齐写了这样的数:5050,他很惊讶,因为他自己曾经算过,得到的数也是 5050,他怎么这么快就得到了这个数值呢?

高斯解释他发现的一个方法,这个方法就是古时希腊人和中国人用来计算级数 $1+2+3+\cdots+n$ 的方法。

当然了,古今中外,除了祖冲之和高斯外,还有许许多多著名的数学家,他们的故事和成就需要同学们自己去了解。

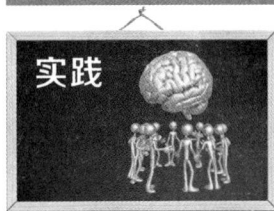

实践

每一位数学家的成功,都不是从小就注定的,而是在漫长的学习过程中,通过勤奋努力、坚韧不拔的毅力等因素造就的。在他们专注于数学问题的研究与探索的过程中,一路克服困难,直至成功。

现在,请同学们按照 6~8 人为一小组,先讨论数学小报方案,再通过网络查找、文献阅读或者向数学老师了解等途径去收集国内外比较著名的数学家及其事迹,并且每个小组制作一份数学小报,最后向全班进行展示。

下面是本节课为同学们提供的制作数学小报的两种方案,同学们可以借鉴或者选择其中一种方案制作数学小报。

方案一

电子数学小报

利用办公软件中的 Word、PPT 以及图片处理软件等现代化信息工具,把同学们收集的数学家故事、成就及图片等素材整合起来。

示例如图 1-2 所示。

难度系数:★★★

操作系数:★★★★

图 1-2 电子数学小报

方案一制作出来的小报图画清晰,色调较为细腻,并且图片和背景的处理相对来说也比较容易,但是这需要同学们对现代信息技术有一定的了解和操作基础。那么,对于电脑操作不太熟悉的同学,本节课也将介绍另外一种小报制作方案。

方案二

手抄数学小报

具有一定绘画和书法功底的同学,利用签字笔、彩色笔、尺子等工具,通过编辑、插图、书写等过程将收集的数学家故事、成就等,展现在 8 开纸上。

示例如图 1-3 所示。

难度系数:★★★

操作系数:★★★

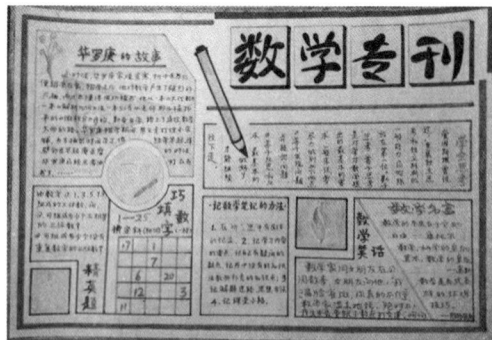

图 1-3 手抄数学小报

相信同学们已经有了自己的选择方案。那么现在赶紧去查找自己感兴趣的数学家,并了解他的成长故事、取得的成就以及名人名言吧!并完成如表 1-1 所示的"数学家的故事"收集报告。

表 1-1 "数学家的故事"收集报告

小组成员:	组长:
日期	年　　月　　日
途径	
数学家	
姓名	
基本信息	
主要成就	

（续表）

故事	
名言	
了解你所感兴趣的数学家，说说你有什么感悟？	

评价

这个项目你完成得如何？请和你的同伴一起完成表 1-2"浙江信息工程学校'项目性研究'学习评价表"，完成较好的打"A"，一般的打"B"，较差的打"C"。

最后，如果你获得了 15 个以上的"A"，说明你完成得很棒！

如果你获得了 10 个以上的"A"，说明你已经入门了，继续努力！

如果你获得了 5 个以上的"A"，说明你需要加油了！

表 1-2　浙江信息工程学校"项目性研究"学习评价表

学习指标	自评	他评
参与活动的积极性		
对活动实际意义的理解		
活动中的动手能力		
对数学概念及其本质的理解		
想象能力和具象化能力		
发现数学美的能力		
与他人合作的能力		
作品质量		
活动过程中的进步		

你在过程中遇到了什么困难？

这个项目中，你收获了什么？

作业

你从数学家们的故事中得到了什么启示呢？相信他们努力奋斗的历程一定会鞭策你前进。课外请你再收集一个数学家的故事，并分享给你的小组成员们。

如何测量篮球架的高度

题目

不用攀爬篮球架，在所给工具范围内，能否测量出篮球架的高度？

用具

圆规、标杆、纸板、卷尺、刻度尺、小镜子、三角尺、手电筒。

链接

泰勒斯——第一个测量出金字塔高度的人

泰勒斯(公元前 624 年至公元前 547 年)(见图 2-1)出生在小亚细亚爱奥尼亚西岸的米利都城的一个奴隶主贵族家庭。泰勒斯是古希腊第一位闻名世界的数学家。他原是一位很精明的商人,靠卖橄榄油积累了相当多的财富后,便专心从事科学研究。他勤奋好学,不迷信权威,勇于创新。他的家乡离埃及不太远,所以他常去埃及旅行。在那里,泰勒斯学到了古埃及人在几千年间积累的丰富数学知识。

图 2-1　泰勒斯

提起埃及这个古老神秘、充满智慧的国度,人们首先想到的是金字塔。金字塔是古埃及国王的陵墓,建于公元前 2000 多年。古埃及人民仅靠简单的工具,竟能建造出这样雄伟而精致的建筑,真是奇迹!虽历经漫长的岁月,它们如今仍巍峨地耸立着。但是,在金字塔建成的 1000 多年里,人们始终无法测量出金字塔的高度——它们实在太高大了!

而泰勒斯游历埃及时,曾用一种巧妙的方法算出了金字塔的高度,使古埃及国王拉美西斯钦慕不已。泰勒斯是怎样测量的呢?

传说在一个晴朗的日子里,泰勒斯和助手们来到要测量的金字塔附近(见图 2-2)。阳光下,巍峨的金字塔在一望无垠的戈壁上投下了巨大的阴影。泰勒斯他们

图 2-2　泰勒斯观察如何测量金字塔

除了携带有大型测量工具外,还带了一根小木棍。前来观看的人都很奇怪:那些测量工具根本无法架设到高大而又表面平整的金字塔上,难道泰勒斯所拿的那根木棍是魔杖,用它就能完成不可能的事情? 在人们疑惑的时候,泰勒斯和助手们将小木棍插到了金字塔附近的沙地上。他们先测量了小木棍露出地面的高度

以及它的影长,随即又在金字塔的阴影里铺
设了测量工具。泰勒斯的测量并未就此完
成,他和助手们每隔一段时间就测量一次小
木棍的影长,当发现小木棍的影长与露出地
面的高度相等时,泰勒斯和助手们马上读出
了金字塔的影长。泰勒斯宣布:这个影长就

图 2-3　测量方法示意图

是金字塔的高度。他解释说,由于阳光照射到地面的角度是一致的,所以当木棍的
影长等于露出地面的高度时,金字塔的影长也恰好等于它自身的高度(见图2-3)。

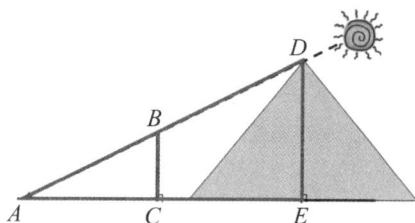

　　同学们,你们能理解泰勒斯的计算方法吗?

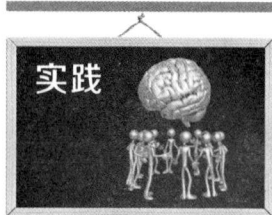

实践

本项目的任务是测量篮球架的高度。同学们讨论
后有自己的方案了吗?你们有没有考虑到天气因素呢?
由于天气条件的不确定性以及测量原理的不同,测量方
案也就有了区别,使用的工具也都不一样了。下面将介
绍几种方法供大家参考。

　　阳光明媚的日子,是测量的最佳天气,和著名数学家泰勒斯一样,我们也可
以利用光照下的影子进行测量,具体如下。

方案一

测量原理:利用阳光下的影子(见图 2-4)

　　第一步:每个小组选一名同学直立于篮
球架影子的顶端处,其他同学分为两组,一
组测量该同学的影长,另一组测量同一时刻
篮球架的影长。根据测量数据,就能求出篮
球架的高度。

　　第二步:∵△ABC∽△DEF

　　∴$\dfrac{AC}{DF}=\dfrac{BC}{EF}$

篮球架高度 DF 即可得到。

难度系数:★★

操作系数:★★

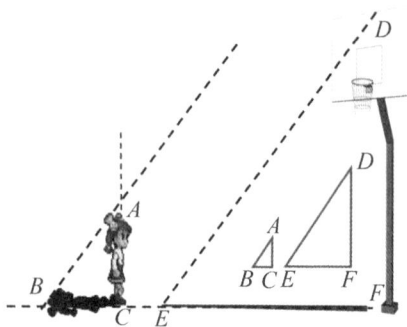

图 2-4　方案一的测量示意图

测量方案一所用到的数学知识是什么？同学们一定看出来了,是相似三角形的性质。

那么,同学们,如果没有阳光看不到影子了,也就是说测量是早上、晚上或是阴雨天,我们还可以进行测量吗？下面的方法,你们是不是也想到了呢？

方案二

测量原理:利用标杆(见图2-5)

第一步: 测出观测者的脚到标杆底部的距离 $AM(BF)$,标杆底部与篮球架的距离 $MN(FH)$,人的目高 EM,标杆高 EF,就能求出篮球架的高度。

第二步: $\because \triangle AME \backsim \triangle ANC$

$$\therefore \frac{AM}{AN} = \frac{EM}{CN}$$

由此,可以得到 CN 的长度,那么篮球架高度 $CH = CN + NH = CN + (EF - EM)$ 也可以得到。

难度系数:★★★

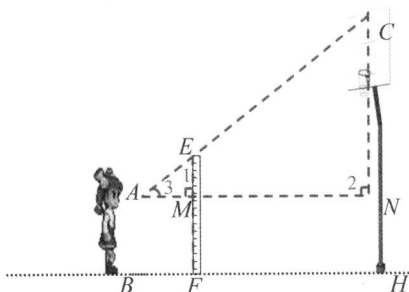

图 2-5　方案二的测量示意图

方案三

测量原理:镜子折射(见图2-6)

第一步: 每个小组选出一名同学作为观测者,在观测者和篮球架之间的地面上平放一面镜子,在镜子上做一个标记,观测者看着镜子来回移动,直到看到篮球架顶端在镜子中的像与镜子上的标记重合。测量所需数据,根据所测的结果,运用相似三角形可得两直角边对应成比例,从而求得篮球架的高度。

第二步: $\because \triangle ABE \backsim \triangle CDE$

$$\therefore \frac{AB}{CD} = \frac{BE}{DE}$$

篮球架高度 CD 即可得到。

难度系数:★★★

操作系数:★★★

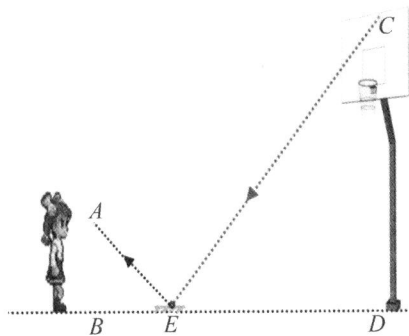

图 2-6　方案三的测量示意图

交流讨论:上面三种测量方案各有哪些优缺点?

①方案一测量数据较少,结果较准确;但需要有阳光且要有影子。

②方案二不依靠影子,结果准确;但测量数据较多。

③方案三测量数据较少,不依靠影子;但若镜子角度有一点误差,结果就会误差很大。

古人可以用身边简单的工具测量金字塔的高度,那么我们可不可以用类似的方法去测量乐山大佛和台北 101 大楼的高度呢?

今天我们就从身边的物体进行实践,问题是:如果不攀爬篮球架,如何才能通过使用现有工具,测量篮球架的高度呢?请同学们按照 6～8 人为一小组,先讨论得到测量方案,再到学校的篮球场进行实地测量,同时完成表 2-1 的"如何测量篮球架高度"实验报告。我们的"测量能手"又会是谁呢?开始动手吧!

表 2-1 "如何测量篮球架高度"实验报告

小组名称:	组长:
小组成员	
测量日期	年　　　　　月　　　　　日
测量方案示意图	

第一步	目的：	主要方法：	参与成员：
第二步	目的：	主要方法：	参与成员：
第三步	目的：	主要方法：	参与成员：
测量数据			
测量计算过程（包含证明过程）			
测量结果或成果			
测量过程中你体会到了什么			

表 2-2　测量方法示例

方法 1	在篮球架顶绑一条绳子,把绳子斜拉到地面上一点,拿一标杆竖在这一点与篮球架底部的连线上,量出绳子底部与篮球架底部的距离 a、绳子底部与标杆底部距离 b 及标杆底部与绳子相交点的距离 c,就可以计算出篮球架的高度	难度系数:★★★ 操作系数:★★★
方法 2	利用等腰直角三角形的性质测量篮球架的高度。一名学生把一个较大的等腰直角三角形三角尺放置在地面上,并把一个激光手电筒固定在三角尺的一个底角处且与斜边同向,移动三角尺直至激光手电的光束照到篮球架的顶端,此时量出手电筒距篮球架底部的距离就是篮球架的高度	难度系数:★★★ 操作系数:★★★★
方法 3	一名学生拿着一把刻有厘米刻度的小尺,站在篮球架的一端,他把手臂向前伸直,小尺竖直,调整站立的位置,直到小尺上的刻度恰好遮住篮球架。测量出观测者到篮球架底部的距离、观测者的臂长,以及小尺的长度,即可求出篮球架的高度	难度系数:★★★★ 操作系数:★★★★

评价

这个项目你完成得如何？请和你的同伴一起完成表 2-3"浙江信息工程学校'项目性研究'学习评价表",完成较好的打"A",一般的打"B",较差的打"C"。

最后,如果你获得了 15 个以上的"A",说明你完成得很棒！
如果你获得了 10 个以上的"A",说明你已经入门了,继续努力！
如果你获得了 5 个以上的"A",说明你需要加油了！

表 2-3　浙江信息工程学校"项目性研究"学习评价表

学习指标	自评	他评
参与活动的积极性		
对活动实际意义的理解		
活动中的动手能力		
对数学概念及其本质的理解		
想象能力和具象化能力		
发现数学美的能力		
与他人合作的能力		
作品质量		
活动过程中的进步		

你在过程中遇到了什么困难?

这个项目中,你收获了什么?

作业

动手作业: 利用相似三角形测量瓶子的内径。

学具准备: 等长的两根小木棒、橡皮筋、玻璃瓶、刻度尺。

参考实验过程: 两人合作先把两根小木棒用橡皮筋捆好,然后将等长的两根小木棒的一端放进瓶子里,使两根小木棒抵住瓶底并紧靠瓶子的边缘,再用刻度尺测出小木棒另两端的距离。构造相似并计算瓶子内径。

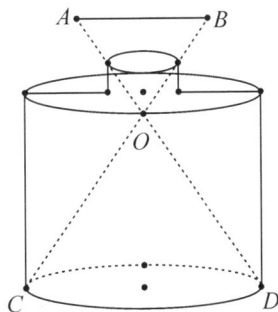

图 2-7　测量瓶子内径

知识

随着计算机技术的迅速发展,数学的应用不仅在工程技术、自然科学等领域发挥着越来越重要的作用,而且以空前的广度和深度向经济、管理、金融、生物、医学、环境、地质、人口、交通等新的领域渗透,其应用性广,涉及所有工作领域。数学建模是联系数学与实际问题的桥梁,是数学在各个领域广泛应用的媒介,是数学科学技术转化的主要途径,数学建模在科学技术发展中的重要作用越来越受到数学界和工程界的普遍重视,它已成为现代科技工作者必备的重要能力之一。所以,作为中职生的我们,更应该具备一定的数学建模能力,学会将生活、工作中的一些问题转化为数学问题,通过计算得到更科学、更精确的答案。

数学模型(Mathematical Model)是一种模拟,是用数学符号、数学式子、程序、图形等对实际课题本质属性的抽象而又简洁的刻画,它或能解释某些客观现象,或能预测未来的发展规律,或能为控制某一现象的发展提供某种意义下的最优策略或较好策略。数学模型一般并非现实问题的直接翻版,它的建立既需要人们对现实问题进行深入细致的观察和分析,又需要人们灵活巧妙地利用各种数学知识。这种应用知识从实际课题中抽象、提炼出数学模型的过程就称为数学建模(Mathematical Modeling)。数学建模用于生产的过程如图2-8所示。

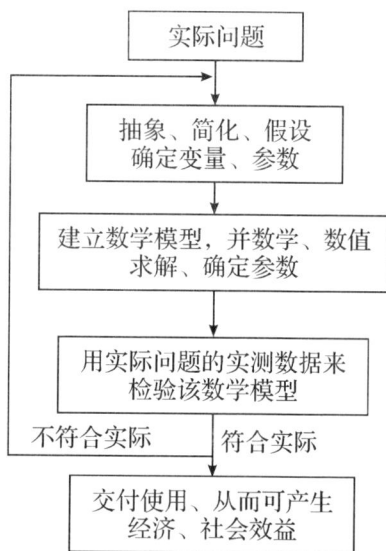

图 2-8　数学建模用于生产的过程

我们在上述测量方案的计算过程中,深入分析问题,提出一些恰当的假设,将篮球架、人、阳光等都简化为符号并假设其中的变量和常量,利用适当的数学工具来刻画各变量及常量之间的数学关系,最后计算出所要的结果,这就是一种数学建模的过程。

接下来我们拿方案一来说明数学建模的基本步骤(见图2-9)。

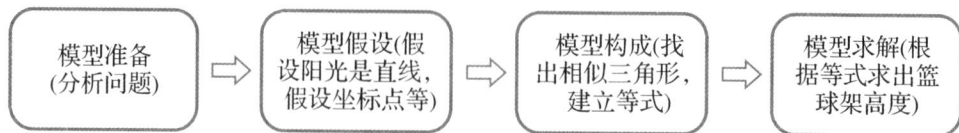

图 2-9　方案一的数学建模流程图

　　数学建模的步骤除了以上四步,还有模型分析、模型检验、模型应用。本节内容简单介绍了数学建模的含义,同学们要对数学建模有一个初步认识,了解数学建模的意义,掌握其基本步骤,提高数学的应用意识。

如何在弹珠机中找到概率

假设你是弹珠机游戏厅的老板,在进行奖项设置时,怎样做才能使得花费最少?

木板、木条、图钉、胶水、玻璃珠。

生活中的概率问题

同学们,在日常生活中我们一定接触过骰子(见图 3-1),骰子是古代民间娱乐用来投掷的博具,相传是三国时期魏国曹植所造。通常作为桌上游戏的小道具,最常见的骰子是六面骰,它是一颗正立方体,一个骰子有六个面,每个面是 1,2,3,4,5,6 中的一个点数。那么掷一次出现各个点数的概率是多少呢? 通过前人大量的重复试验与统计,这其实是一个古典概率模型,每个点数的概率都是一样的,都为 $\frac{1}{6}$。

图 3-1　掷骰子

当然,我们还可以再举两个类似的例子。

比如,我们在电视剧中经常看到这样一幕:主人公在不知道如何抉择时就会抛硬币。其实一枚质地均匀的硬币,掷硬币的结果只可能是"正面向上"或者"反面向上"。经过大量的动手抛硬币的试验,统计得到"正面向上"与"反面向上"的机会是均等的,因此我们可以断言,$P($正面向上$)=P($反面向上$)=\frac{1}{2}$。

再如,很多同学都有去图书馆借书的习惯,最近学校图书馆里新进了一批人物传记和地理杂志,其中地理杂志被借走的概率是 0.3,人物传记被借走的概率是 0.2,那么这两类书都被借走的概率是多少呢?

我们一起分析:每本书被借走的概率都是相互独立,所以我们可以考虑用 n 次独立重复事件的概率公式来解决。

同学们,你们还记得 n 次独立重复事件的概率公式吗? 一般地,在相同的条件下(各次试验的结果不受其他试验的影响)做 n 次试验称为 n 次独立重复试验。因而对 n 次独立重复试验结果 $A_1,A_2,\cdots,A_n$,这个事件同时发生的概率等于每个事件发生的概率的乘积,即 $P(A_1A_2\cdots A_n)=P(A_1)P(A_2)\cdots P(A_n)$。

通过大家的分析,我们不难得到这样的结论:$P($两类书都被借走$)=P($人物传记被借走$)\cdot P($地理杂志被借走$)=0.2\times0.3=0.06$。

实践

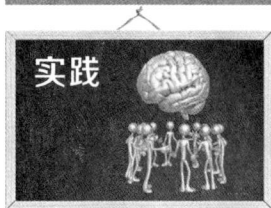

同学们,相信大家对概率问题有了一定的了解。今天,我们将在一款风靡一时的游戏——弹珠机中,看看能否找到概率。首先,我们一起了解一下弹珠机的游戏规则。

游戏规则:

玩家投币一元,机器会出来五颗玻璃珠,把玻璃球放进投珠口中,位于正平面上的倍数灯与钉子板底部上的 12 个通道灯就会开始闪耀,此时按下启动按钮,机器将随机确定倍数与通道灯,拉右边拉杆,把玻璃面板内的母球弹入通道后进入钉子板,若最后通过先前已亮着红灯的通道,即可获得其相应倍数的玻璃球,中奖所得的玻璃球可以兑换相应的奖品。弹珠机游戏如图 3-2 所示。

图 3-2　游戏厅的弹珠机

相信大家现在也迫不及待地想要玩这个游戏了,不妨我们亲自动手做一个简易的弹珠机模型吧!

动手操作:

用具:木板、木条、图钉、胶水、玻璃珠。

过程:假设玻璃珠的直径为 d,图钉与木条的距离为 x,且满足条件 $x \leqslant d$,如图 3-3 所示。

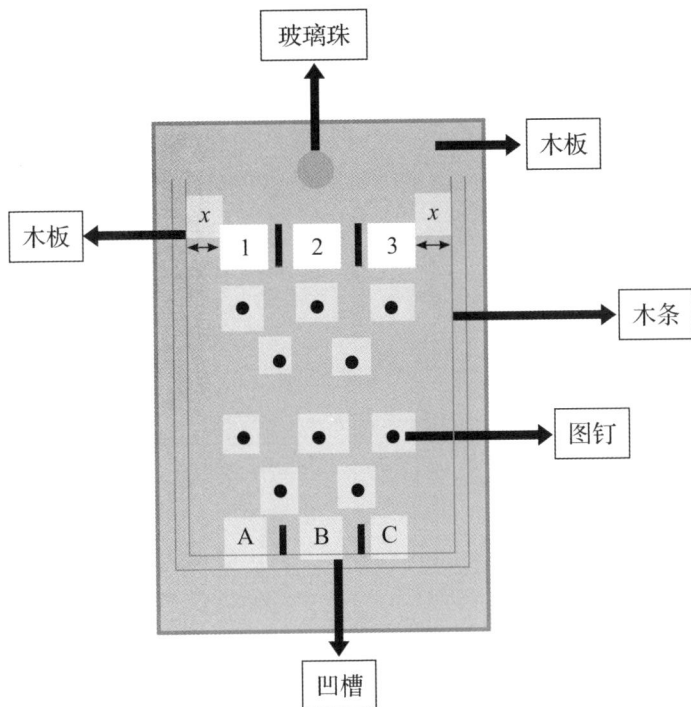

图 3-3　弹珠机简易模型示意图

问题：同学们，假设你是游戏厅的老板，在弹珠机这款游戏中该如何对奖项进行设置才可以保证日常的盈利？我们不妨大胆地猜想，或许弹珠机这款游戏中存在着数学奥秘——概率，我们就利用同学们自己亲手制作的模型来探索吧！

现在，我们将班级里的同学们以 4 人为一个小组，形成若干个小组（见图 3-4），一起完成以下任务。

图 3-4　小组分配

做一做：我们将玻璃珠从 1 号至 3 号入口轻轻落下，请各个小组每一位成员仔细地记录当玻璃珠从 1 号至 3 号入口滑下时掉入 A，B，C 这三个凹槽的次数（频数），同时完成表 3-1 中的内容。

表 3-1　计算同条件下玻璃珠落下的概率

小组编号：						组长：				
小组成员										
试验日期						第_____号入口				
玻璃珠落下次数 n	10	20	30	40	50	60	70	80	90	100
掉入 A 凹槽的次数 m										
频率 $\frac{m}{n}$										
掉入 B 凹槽的次数 m										
频率 $\frac{m}{n}$										
掉入 C 凹槽的次数 m										
频率 $\frac{m}{n}$										
频率公式					频率 $=\dfrac{频数}{总数}$					

大家在仔细完成表格的过程中一定发现了有趣的线索吧！那么,就和组内的小伙伴们一起交流、探讨吧（见图 3-5）！

图 3-5　小组讨论

同学们,通过各个小组激烈的讨论,我们可以发现以下规律:

在相同的外界条件下,当玻璃珠从 1 号入口轻轻滑下时,掉入 B 凹槽的频率大于掉入 A,C 凹槽的频率;当玻璃珠从 2 号入口滑下时,掉入 B 凹槽的频率大于掉入 A,C 凹槽的频率;当玻璃珠从 3 号入口滑下时,掉入 B 凹槽的频率大于掉入 A,C 凹槽的频率。

这也就是说不论玻璃珠从 1～3 号哪个入口进入,都有掉入 B 凹槽的频率大于掉入 A,C 凹槽的频率的结论。同学们,你们是否还有其他发现?

其实我们不难发现:不论玻璃珠从 1,2,3 号哪个入口进入,掉入 A 凹槽的频率都是十分接近的;当然,玻璃珠从这三个入口进入后掉入 B 凹槽的频率也是很接近的。同样的,玻璃珠掉入 C 凹槽的频率也是接近的。相信大家都会有疑问:为什么统计出来的频率大小是十分接近而不是相等呢? 原因是:外界或人为的一些因素多多少少会对结果造成一定的偏差,但这也是在科学的误差允许范围内的。当我们把一定的误差忽略后,可以说"频率是相等"的。

问题:同学们,我们基于重复性试验得到了以上的结论,那么我们是否可以找到相应的数学理论支持及验证这个结论呢? 答案是肯定的!

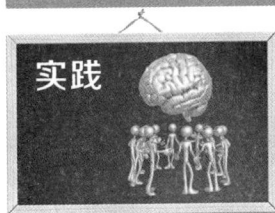

实践

在了解以下内容前,先思考两个问题:"为什么要重复试验 100 次?""频率在怎样的条件下等同于概率呢?" 接下来,我们将引入概率论中的一个重要定理——大数定理,如图 3-6 所示。

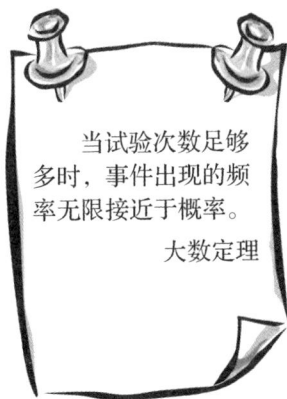

当试验次数足够多时,事件出现的频率无限接近于概率。

大数定理

图 3-6　大数定理

我们都知道,可以通过计算重复独立事件的概率来验证之前由试验统计得到的概率大小。下面我们就一起动手计算吧!

1.计算玻璃珠从 1 号入口掉入 A,B,C 凹槽的概率

大家不妨利用自己亲手制作的模型来观察玻璃珠掉入凹槽时的路线,弹珠机简易模型路线 1 如图 3-7 所示。

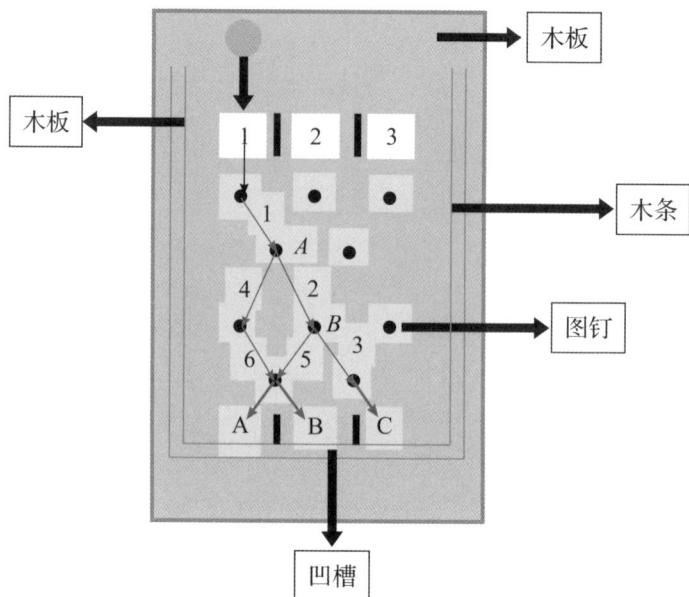

图 3-7　弹珠机简易模型路线 1 示意图

从图 3-7 中不难观察到当玻璃珠从 1 号入口进入时,有掉入 A,B,C 凹槽的可能性。但是,我们该如何计算呢? 分析如下。

(1)当玻璃珠走 1－2－5 路线时,它会掉入 A 凹槽,且由 A 点走 2 或 4 路线时,概率是相等的,都为 $\frac{1}{2}$。同理,玻璃珠由 B 点走 3 或 5 路线时,概率也是相等的,都为 $\frac{1}{2}$。

记玻璃珠从 1 号入口掉入 A 凹槽为事件 A,且由独立重复事件的乘法公式可以得到:$P(A)=\frac{1}{2}\times\frac{1}{2}=\frac{1}{4}$。

(2)当玻璃珠走 1－4－6 路线时,它会掉入 B 凹槽,且由 A 点走 4 路线时,概率是 $\frac{1}{2}$。

记玻璃珠从 1 号入口掉入 B 凹槽为事件 B,且得到:$P(B)=\frac{1}{2}$。

(3)当玻璃珠走 1－2－3 路线时,它会掉入 C 凹槽。由 A 点走 2 路线时概率是 $\frac{1}{2}$,且由 B 点走 3 路线时概率是 $\frac{1}{2}$。

记玻璃珠从 1 号入口掉入 C 凹槽为事件 C,由独立重复事件的乘法公式可以得到:$P(C)=\frac{1}{2}\times\frac{1}{2}=\frac{1}{4}$。

2.计算玻璃珠从 2 号入口掉入 A,B,C 凹槽的概率

弹珠机简易模型路线 2 如图 3-8 所示。

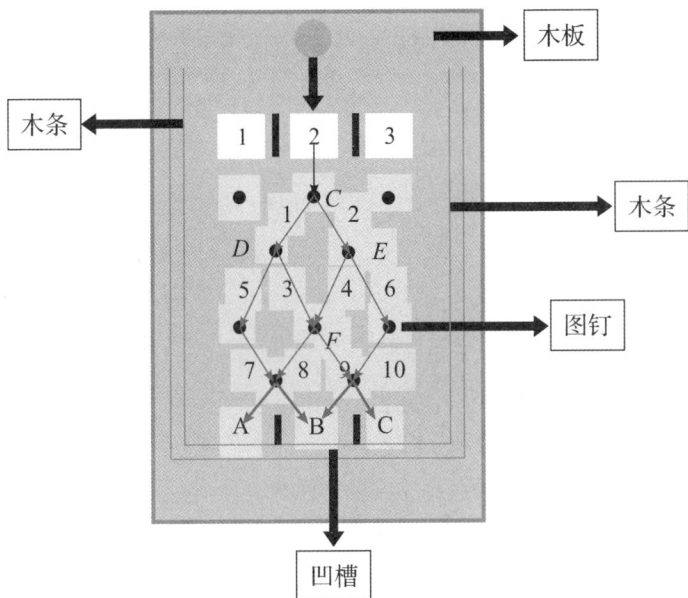

图 3-8　弹珠机简易模型路线 2 示意图

从图 3-8 中,我们发现了玻璃珠从 2 号入口进入后有掉入 A,B,C 凹槽的可能性,且掉入 B 凹槽的可能性大于掉入其他凹槽的可能性。那么,具体的概率究竟是多少呢?

(1)掉入 A 凹槽

1)当玻璃珠走 2－4－8 路线,它会掉入 A 凹槽。且由 C 点走 1 或 2 路线时概率相等,都为 $\frac{1}{2}$;由 D 点走 3 或 5 路线时概率都是 $\frac{1}{2}$,由 E 点走 4 或 6 路线时概率概率相等,都为 $\frac{1}{2}$;由 F 点走 8 或 9 路线时概率也是相等的,都为 $\frac{1}{2}$。

记玻璃珠在 2－4－8 路线下从 2 号入口掉入 A 凹槽为事件 A_1,由独立重复事件的乘法公式可以得到:$P(A_1)=\frac{1}{2}\times\frac{1}{2}\times\frac{1}{2}=\frac{1}{8}$。

同学们,除了以上路线能够掉入 A 凹槽,你还能找到其他路线吗? 相信你已经有了答案。

2)当玻璃珠走 1－3－8 路线时,它也是能够到达 A 凹槽的。由 C 点走 1 路线的概率是 $\frac{1}{2}$,由 D 点走 3 路线的概率是 $\frac{1}{2}$,且由 F 点走 8 路线的概率也是 $\frac{1}{2}$。

记玻璃珠在 $1-3-8$ 路线下从 2 号入口掉入 A 凹槽为事件 A_2，由独立重复事件的乘法公式可以得到：$P(A_2)=\frac{1}{2}\times\frac{1}{2}\times\frac{1}{2}=\frac{1}{8}$。

综上，假设玻璃珠从 2 号入口掉入 A 凹槽为事件 A。因此，由概率的可加性得到：$P(A)=P(A_1)+P(A_2)=\frac{1}{8}+\frac{1}{8}=\frac{1}{4}$。

（2）掉入 B 凹槽

想一想：玻璃珠走什么样的路线可以达到 B 凹槽呢？

当玻璃珠走 $1-5-7$ 路线或者 $2-6-10$ 路线时都可以使得玻璃珠掉入 B 凹槽的。

1）记玻璃珠在 $1-5-7$ 路线下从 2 号入口掉入 B 凹槽为事件 B_1。由 C 点走 1 路线的概率与由 D 点走 5 路线的概率相等，都是 $\frac{1}{2}$，故有 $P(B_1)=\frac{1}{2}\times\frac{1}{2}=\frac{1}{4}$。

2）记玻璃珠在 $2-6-10$ 路线下从 2 号入口掉入 B 凹槽为事件 B_2。由 C 点走 2 路线与由 E 点走 6 路线的概率相等，都是 $\frac{1}{2}$，故有 $P(B_2)=\frac{1}{2}\times\frac{1}{2}=\frac{1}{4}$。

综上，我们可以记玻璃珠从 2 号入口掉入 B 凹槽为事件 B，且满足概率的可加性。即 $P(B)=P(B_1)+P(B_2)=\frac{1}{4}+\frac{1}{4}=\frac{1}{2}$。

（3）掉入 C 凹槽

同学们，接下来我们就讨论当玻璃珠从 2 号入口掉入 C 凹槽的情形。

不难发现，当玻璃珠走 $2-4-9$ 路线或 $1-3-9$ 路线时都是能掉入 C 凹槽的。

1）当玻璃珠走 $2-4-9$ 路线，记该事件为 C_1，且注意到由 C 点走 2 路线、由 E 点走 4 路线与由 F 点走 9 路线的概率都为 $\frac{1}{2}$，由独立重复事件的乘法公式可以得到：$P(C_1)=\frac{1}{2}\times\frac{1}{2}\times\frac{1}{2}=\frac{1}{8}$。

2）当玻璃珠走 $1-3-9$ 路线，记该事件为 C_2，由 C 点走 1 路线、由 D 点走 3 路线与由 F 点走 9 路线的概率都为 $\frac{1}{2}$，由独立重复事件的乘法公式可以得到：$P(C_2)=\frac{1}{2}\times\frac{1}{2}\times\frac{1}{2}=\frac{1}{8}$。

综上，记玻璃珠从 2 号入口掉入 C 凹槽为事件 C，由概率的可加性，我们可以得到：$P(C) = P(C_1) + P(C_2) = \dfrac{1}{8} + \dfrac{1}{8} = \dfrac{1}{4}$。

3.计算玻璃珠从 3 号入口掉入 A,B,C 凹槽的概率

弹珠机简易模型路线 3 如图 3-9 所示。

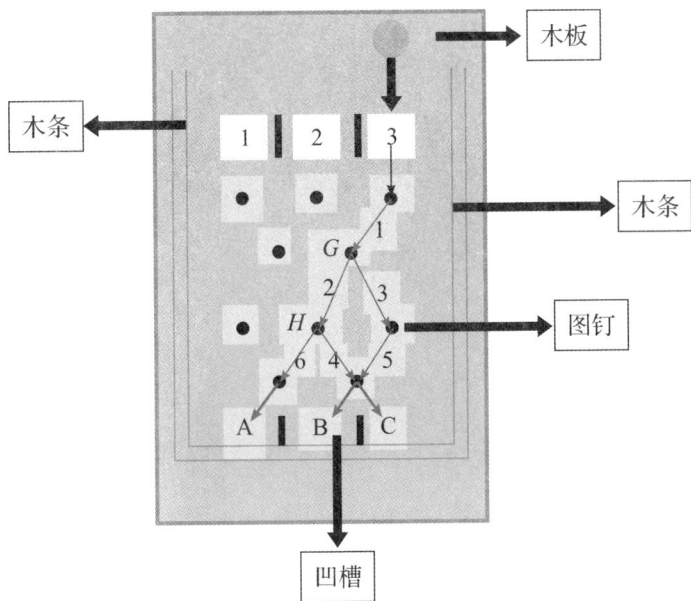

图 3-9　弹珠机简易模型路线 3 示意图

从图 3-9 中,我们发现了玻璃珠从 3 号入口进入后有掉入 A,B,C 凹槽的可能性,现在我们就一起动手算一算吧!

当玻璃珠走 1—2—6 路线时会掉入 A 凹槽,且注意到由 G 点走 2 路线或 3 路线的概率是相等的,都是 $\dfrac{1}{2}$,由 H 点走 4 路线或 6 路线的概率也都是 $\dfrac{1}{2}$。

(1)记玻璃珠在 1—2—6 路线下掉入 A 凹槽为事件 A,由 G 点走 2 路线与由 H 点走 6 路线的概率都是 $\dfrac{1}{2}$,因此有 $P(A) = \dfrac{1}{2} \times \dfrac{1}{2} = \dfrac{1}{4}$。

(2)记玻璃珠在 1—3—5 路线下掉入 B 凹槽为事件 B,由 G 点走 3 路线的概率是 $\dfrac{1}{2}$,因此有 $P(B) = \dfrac{1}{2}$。

(3)记玻璃珠在 1—2—4 路线下掉入 C 凹槽为事件 C,由 G 点走 2 路线与由 H 点走 4 路线的概率都是 $\dfrac{1}{2}$,因此有 $P(C) = \dfrac{1}{2} \times \dfrac{1}{2} = \dfrac{1}{4}$。

同学们,经过大家的一番细心计算之后,你一定发现了相关的规律,请与你的同伴们一起分享吧!

交流讨论:

上面计算玻璃珠从 1,2 号,3 号入口掉入 A,B,C 凹槽的概率有什么相同点?

①不论玻璃珠从 1,2,3 号哪个入口进入,掉入 A 凹槽的概率都是相等的,都为 $\frac{1}{4}$。

②不论玻璃珠从 1,2,3 号哪个入口进入,掉入 B 凹槽的概率都是相等的,都为 $\frac{1}{2}$。

③不论玻璃珠从 1,2,3 号哪个入口进入,掉入 C 凹槽的概率都是相等的,都为 $\frac{1}{4}$。

④不论玻璃珠从 1,2,3 号哪个入口进入,掉入 B 凹槽的概率大于掉入 A,C 凹槽的概率,且玻璃珠掉入 A,C 凹槽的概率是相等的,都是 $\frac{1}{4}$。

那么,我们现在可以断言:通过上述计算概率得到的结论是与动手试验计算概率得到的结论是吻合的。

评价

这个项目你完成得如何?请和你的同伴一起完成表 3-2"浙江信息工程学校'项目性研究'学习评价表",完成较好的打"A",一般的打"B",较差的打"C"。

最后,如果你获得了 15 个以上的"A",说明你完成得很棒!
如果你获得了 10 个以上的"A",说明你已经入门了,继续努力!
如果你获得了 5 个以上的"A",说明你需要加油了!

表 3-2 浙江信息工程学校"项目性研究"学习评价表

学习指标	自评	他评
参与活动的积极性		
对活动实际意义的理解		
活动中的动手能力		
对数学概念及其本质的理解		
想象能力和具象化能力		
发现数学美的能力		
与他人合作的能力		
作品质量		
活动过程中的进步		

你在过程中遇到了什么困难?

这个项目中,你收获了什么?

作业

动手作业:电路中的概率。

学具准备:若干导线、电源、3 个开关、小灯泡。

参考实验过程:两人合作根据图 3-10 制作电路图。

电路图中有 3 个开关,且闭合的概率都是 $\frac{1}{2}$,那么能使小灯泡亮的概率是

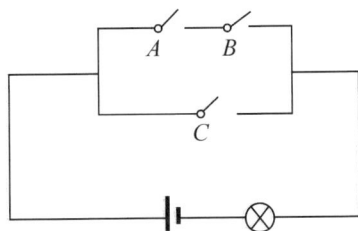

多少?

图 3-10 电路图

项目四

住房贷款还款方式如何选择

题目

　　人们以前是存钱买房,现在是银行贷款买房,这期间经历了思想的变革。那么银行贷款是如何计算利息的? 还款中是否又另藏玄机呢?

　　假设你家里需要买房,你能通过计算选出一种最适合实际情况的还款方式吗?

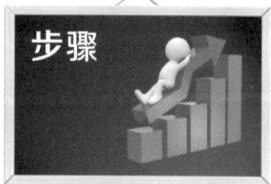

步骤

(1)阅读材料,找出关键信息;

(2)小组分工,分配学习任务;

(3)调查访问,理解相关概念;

(4)合作讨论,得出数学模型;

(5)利用结论,解决现实问题。

可怜的印第安人

去过美国纽约市旅游的人都知道,该地最为昂贵的地产,就是纽约的市中心——曼哈顿(见图4-1)。这块地产是1626年荷属美洲新尼德兰省总督Peter Minuit向印第安人以价值24美元的玻璃珠买来的,到2000年1月1日,估计曼哈顿岛价值2.5万亿美元。很多今日的美国人谈起此事,都取笑当时的印第安人太傻,只会做赔本生意,这么好一块地皮竟然只以区区24美元就卖了。

图4-1　曼哈顿

但是美国著名基金经理彼得·林奇却不这样看,他计算过,如果当时的印第安人把这24美元存在银行里,每年仅仅得到8%的复利收益,直至今日,连本带利,数额已经远超过曼哈顿地产今日的总价值。并且最值得惊讶的是,这个总额是曼哈顿地产总值的32倍。从复利的观点来看,这绝对是正确而且科学的!

$$24 \times (1+8\%)^{375} \approx 8 \times 10^{13}(美元) = 80(万亿美元)$$

荷兰人的遗憾

西班牙人资助哥伦布发现了美洲新大陆,也将本来属于自己的世界首富的地位送给了今天的美国人。1492年,西班牙国王Ferdinand V及女王Lsabella资助意大利航海家哥伦布(Columbus)大约3万美元,使得哥伦布冒险向西航行70天后,到达加勒比群岛,完成了发现新大陆的壮举。发现新大陆给当时的西班牙带来了精神上的成就感,但使西班牙在2004年失去了价值约16万亿美元的财富(假设当初投资的3万美元能以4%的复利率增长)!

$$3 \times (1+4\%)^{2004-1492+1} = 1.6 \times 10^{13}(美元) = 16(万亿美元)$$

实践

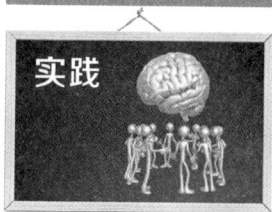

通过上面两个小故事,相信同学们已经对利息的算法有所了解了。请同学们仔细阅读下面两幅对话(见图4-2),找出关键信息,在调查的基础上进行计算,帮助小明做出决定。

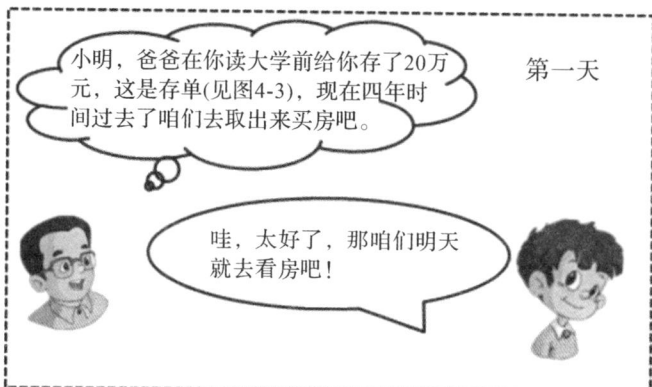

小明,爸爸在你读大学前给你存了20万元,这是存单(见图4-3),现在四年时间过去了咱们去取出来买房吧。

第一天

哇,太好了,那咱们明天就去看房吧!

爸,这房子付完存款后还需向银行贷款40万元,销售员建议分期30年还清,您觉得怎么样?

买房进行时

没问题呀,但我们得先咨询下选择什么还款方式最好。

……年利率为8%(复利)(见图4-4),可提供的还款方式有等额本息还款和等额本金还款,它们的区别是……

现在大部分人的工资不高,消费又比较大,如果要先存钱再来买房是比较困难的,但是如果先买房交首付,再分期还款,这样自己有压力就不会乱花钱,同时也提前能享受新房的乐趣。

图 4-2 对话

图 4-3 银行存单

复利计算

特点：把上期末的本利和作为下一期的本金，即"利滚利"，在计算时每一期本金的数额是不同的。

公式：$s=p(1+i)^n$

图 4-4 复利计算

从材料中我们了解到购房贷款还款方式有两种，分别是等额本息还款法和等额本金还款法。这两种方法究竟有着什么样的区别？孰优孰劣？不同情况购房家庭选择还款方式时有着什么样的打算？接下来，我们将带着这些问题，小组合作，做一份社会调查，并填好表格（见表 4-1）。

调查任务：

任务 1：查阅或咨询等额本息和等额本金还款法，并理解其概念；

任务 2：调查并记录选择不同还款方式的家庭的基本情况（年龄、收入等）；

任务 3：分析调查结果，猜想选择不同的还款方式需要考虑什么因素。

每一小组都齐心协力地完成了调查，现在各组进行讨论，推选出一名小组长，把你们各自的调查情况同其他小组进行交流，互相比较。交流完成之后，确定概念最清晰、描述最准确、填写最完整的调查小组作为本项目活动的能手，并把各自调查或咨询得到的还款方式（即等额本息和等额本金）概念与书本所给出的概念进行比较，确认本小组概念是否正确。

表 4-1 贷款购房家庭还款方式调查表

小组名称：			组长：	
小组成员				
调查日期		年	月	日
调查计划与途径				

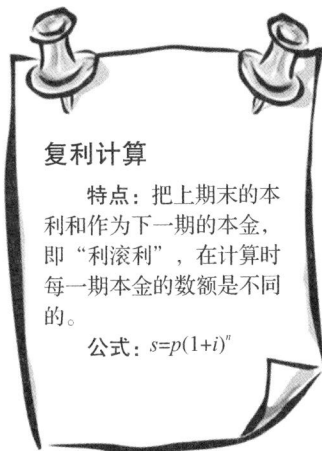

（续表）

还款方式	等额本息	含义：	
	等额本金	含义：	
调查内容	家庭基本情况		
	家庭	还款人年龄	还款人收入与存储情况
等额本息	1		
	2		
	3		
	4		
	…		
等额本金	1		
	2		
	3		
	4		
	…		
调查结果分析			
感悟			

同学们，根据调查我们容易得知，贷款购房还款方式主要有两种，即等额本息还款法和等额本金还款法，并且不同情况的贷款购房家庭会选择不同的还款方式。当然，还款方式也不是随便选择的，需要考虑贷款金额的多少、多长时间还清、个人基本情况等，然后对比两种还款方式，选择最适合的一种。现在，我们

用自己所学的知识,通过计算比较在贷款金额和贷款期限相同的情况下,两种还款方式各自实际所付金额的特点。

等额本息还款法

概念:一次性计算出本金与本金在借款期限内所产生的利息之和,平均分配到各还款期,得到每期还款数额。

计算:如果贷款 n 万元,每期还款数额相同,m 期还完,那么每期应当还款数额的计算方法是:设每期还款 x 元,各期所付款额到贷款全部付清时也会产生利息(按期以复利计算),期利率为 q,则首付 x 元,第二期付 x 元以及利息 xq,即 $x(1+q)$,…,第 m 期付 $x(1+q)^{m-1}$,所以合计付款由 $x+x(1+q)+x(1+q)^2+\cdots+x(1+q)^{m-1}=n(1+q)^m$ 计算所得。

贷款人实际付款总额:$s=xm$

难度系数:★★★★

概念提示

等额本息还款法完全可以看作是每年或每期都向银行存一定额的钱,按复利计算,到期一块取出还所贷款的本利和。

等额本金还款法

概念:贷款人将本金分摊到每个月内,同时付清上一交易日至本次还款日之间的利息。

计算:年还款额＝本金(n)÷贷款期限(m 年)＋(本金－已还本金)×年利率。

贷款人实际付款总额:$s=m$ 年还款额之和

难度系数:★★★

数学源于生活,用于生活。贷款购房还款方式的计算上就用到了数学中等比数列的通项公式、求等比数列前 n 项和的公式等相关知识。现在,同学们以小组为单位,根据已掌握的知识和对还款方式计算的理解,解决小明购房的相关问题。

问题 1:小明所购住房总额是多少?

解析:由对话得知,所购住房总额＝存款到期后的本利和＋贷款金额。

已知存款 20 万元,存期 48 个月,月利率 0.5%,按复利计算,存满 1 个月的本利和为 $20+20\times0.5\%$,即 $20(1+0.5\%)$ 万元,此时 $20(1+0.5\%)$ 又作为第 2 个月存储的本金,存满 2 个月的本利和为 $20(1+0.5\%)+20(1+0.5\%)\times0.5\%$,即 $20(1+0.5\%)^2$,以此类推,存满第 3 个月、第 4 个月、……、第 48 个月后,本利和为 $20(1+0.5\%)^{48}$ 万元。

所以,小明购房总额为 $20(1+0.5\%)^{48}+40\approx65$(万元)。

知识点:

本题复利计算可以看成是以 $20(1+0.5\%)$ 为首项,以 $(1+0.5\%)$ 为公比的等比数列,所以参照等比数列的通项公式 $a_n=a_1q^{n-1}$,存满 48 个月后的本利和即为:

$$a_{48}=a_1q^{48-1}=20(1+0.5\%)(1+0.5\%)^{48-1}=20(1+0.5\%)^{48}$$

❓ 问题 2:小明如果选择等额本息还款方式实际付款总额为多少?

解析: 由对话得知,小明贷款 40 万元,分 30 年还清,年利率为 8%,按复利计算,30 年满小明欠款 $40(1+8\%)^{30}$ 万元。

而小明 30 年实际付款总额＝每年还款额×30 年。假设小明每年还款 x 万元,由等额本息还款方式计算得:

$$x+x(1+8\%)+x(1+8\%)^2+\cdots+x(1+8\%)^{30-1}=40(1+8\%)^{30}$$

解得:$x=\dfrac{40(1+8\%)^{30}[1-(1+8\%)]}{1-(1+8\%)^{30}}\approx3.6$(万元)。

所以,小明实际付款总额 $\approx3.6\times30=108$(万元)。

知识点:

每年还款额到 30 年还款期满时的本利和分别是:第 1 年所还的本利和为 $x(1+8\%)^{30-1}$ 万元,第 2 年所还的本利和为 $x(1+8\%)^{30-2}$ 万元,……,第 29 年所还的本利和为 $x(1+8\%)^{30-29}$ 万元,第 30 年所还的本利和为 $x(1+8\%)^{30-30}$ 万元。很明显可以看出,从第 1 年到第 30 年的还款额期满后的本利和可以构成一个以 x 为首项,以 $x(1+8\%)$ 为公比的等比数列。

求 $x+x(1+8\%)+x(1+8\%)^2+\cdots+x(1+8\%)^{30-1}$ 即求以 x 为首项,以 $(1+8\%)$ 为公比的等比数列前 30 项的和。等比数列前 n 项和的求和公式为:$s_n=\dfrac{a_1(1-q^n)}{1-q}$。所以:

$$x+x(1+8\%)+x(1+8\%)^2+\cdots+x(1+8\%)^{30-1}=\dfrac{x[1-(1+8\%)^{30}]}{1-(1+8\%)}$$

问题3：小明如果选择等额本金还款方式实际付款总额为多少？

解析：由对话得知，小明贷款 40 万元，分 30 年还清，年利率为 8%，按等额本金还款方式计算得，第 1 年还款额为 $\frac{40}{30}+40\times8\%$，第 2 年还款额为 $\frac{40}{30}+\left(40-\frac{40}{30}\right)\times8\%$，第 3 年还款额为 $\frac{40}{30}+\left(40-2\times\frac{40}{30}\right)\times8\%$，…，第 30 年还款额为 $\frac{40}{30}+\left(40-29\times\frac{40}{30}\right)\times8\%$。

所以，小明实际付款总额为：

$$\frac{40}{30}+40\times8\%+\frac{40}{30}+\left(40-\frac{40}{30}\right)\times8\%+\frac{40}{30}+\left(40-2\times\frac{40}{30}\right)\times8\%+\cdots$$
$$+\frac{40}{30}+\left(40-29\times\frac{40}{30}\right)\times8\%\approx90（万元）$$

交流讨论：计算结果数据分析

(1) 从实际还款总额来看：等额本息还款法所还总额大于等额本金还款法所还总额。

(2) 从每年还款金额来看：等额本息还款法每年所还金额相同，而等额本金还款法每年所还金额是由多到少进行变化的。

所以，小明如果想少还钱，应选择等额本金还款方式；如果小明想操作相对简单，方便每月收支，应该选择等额本息还款方式。

思考：根据调查结果和计算结果分析，讨论两种还款方式分别适合哪些人群？

评价

这个项目你完成得如何？请和你的同伴一起完成表 4-2"浙江信息工程学校'项目性研究'学习评价表"，完成较好的打"A"，一般的打"B"，较差的打"C"。

最后，如果你获得了 15 个以上的"A"，说明你完成得很棒！

如果你获得了 10 个以上的"A"，说明你已经入门了，继续努力！

如果你获得了 5 个以上的"A"，说明你需要加油了！

表 4-2　浙江信息工程学校"项目性研究"学习评价表

学习指标	自评	他评
参与活动的积极性		
对活动实际意义的理解		
活动中的动手能力		
对数学概念及其本质的理解		
想象能力和具象化能力		
发现数学美的能力		
与他人合作的能力		
作品质量		
活动过程中的进步		

你在过程中遇到了什么困难？

这个项目中,你收获了什么？

作业

数学——源于生活,用于生活

某企业想进行技术改造,现有两种方案。甲方案:一次性贷款 10 万元,第一年获利 1 万元,以后每年比前一年增加 30％ 的利润;乙方案:每年贷款 1 万元,第一年可获利 1 万元,以后每年比前一年增加利润 5 000 元。两种方案的使用期都是 10 年,到期一次性还本付息,若银行贷款按年利率 10％ 的复利计算,比较哪一种方案最好?（参考数据:$1.1^{10} \approx 2.594, 1.3^{10} \approx 13.79$）

项目五

如何制作弧形工艺品

题目

如果你是湖州德清某工艺品制作厂的设计师,如何按照公司的要求设计出一款扇子呢?

用具

圆规、刻度尺、三角尺、量角器、计算器、剪刀、小刀、锥子、旧挂历(或广告单等韧性较强的纸张)、扇钉、胶水、竹片、铅笔。

链接

沈括——第一个计算圆弓形弧长的古代数学家

沈括(公元 1031—1095 年)(见图 5-1),字存中,号梦溪丈人,北宋杭州钱塘县(今浙江杭州)人,汉族。

沈括的《梦溪笔谈》卷十八技艺的"会圆术"(一种计算圆弓形弧长的近似方法)是这样描述的:

"凡圆田,既能拆之,须使会之复圆。古法惟以中破圆法拆之,其失有及三倍者。余别为拆会之术,置圆田,径半之以为弦,又以半径减去所割数,余者为股;各自乘,以股除弦,余者开方除为勾,倍之为割田之直径。以所割之数自乘倍之,又以圆径除所得,加入直径,为割田之弧"。

图 5-1 沈括像

【译文】

凡是圆形的土地,既能够拆开来,也应该能让它拼合起来恢复圆形。古代的算法,只用中破圆法把圆形拆开来计算,它的误差达三倍之多。我另外设计了一种拆开、会合的计算方法。假设有一块圆形的土地,用它的直径的一半作为弦,再以半径减去所割下的弧形的高,用它们的差作为股;弦、股各自平方,用弦的平方减去股的平方,将它们的差开平方后作为勾,再乘二,就是所割弧形田的弦长。把所割的弧形田的高平方,乘二,再除以圆的直径,所得的商加上弧形的弦长,便是所割弧形田的弧长。

综上所述,圆弓形(见图 5-2)弧长的近似公式为:$l = a + h^{\frac{2}{r}}$,r 为半径,h 为圆弓形的高,a 为弦长,l 为弧长。

该公式的计算结果比实际值略小,并且圆弓形的弧所对圆心角越小,其精确度越大,当圆心角小于 $45°$ 时,相对误差小于 2%。沈括并未给出这一公式的推导,它很可能与《九章算术》"弧田术"有着某种密切的关系。

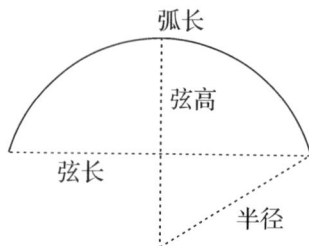

弧长

弦高

弦长

半径

图 5-2 圆弓形

实践

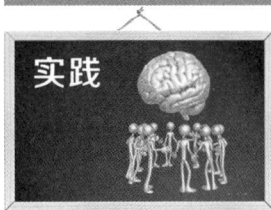

同学们,通过学习《梦溪笔谈》中的"会圆术",我们了解到弧长的计算,公式:$l=\alpha \cdot r$,其中 l 为弧长,α 为圆心角,r 为半径。

那么,这个弧长公式在我们生活中有什么实际应用呢?我们就通过以下的活动来了解吧!

活动一:动手制作

如果你是湖州德清某工艺品制作厂的设计师,现在工厂要求你设计出一款折扇,其中要求扇面的外弧长为 42cm,内弧长为 14cm,左右扇骨之间的夹角为 160°(见图 5-3),你能否利用已有的数学知识设计出这么一款折扇呢?

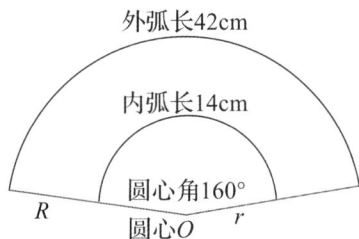

外弧长42cm

内弧长14cm

圆心角160°

R　圆心O　r

图 5-3　折扇

【设计方案】

1.计算

因为 $l_{外}=42$cm,$\alpha=160°$,所以 $R=15$cm。（精确到个位）

同理可得 $l_{内}=14$cm,$\alpha=160°$,所以 $r=5$cm。（精确到个位）

2.设计扇面

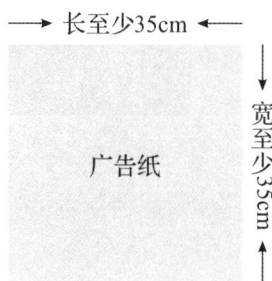

图 5-4　广告纸

第一步：
选取长、宽至少
35cm的广告纸
或者韧性较强
的纸张(见图5-4)。

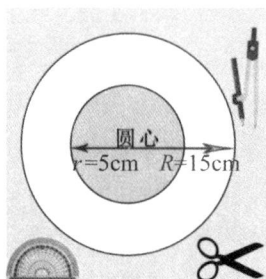

图 5-5　画同心圆

第二步：
用圆规画$R=15cm$，
$r=5cm$的同心圆，再
用量角器量出160°的
圆心角，然后用剪刀
裁剪，剪去多余部分
(见图5-5)。

图 5-6　描绘扇面

第三步：
形成扇面，可以
根据自己的喜好
在扇面上进行描
绘(见图5-6)。

3.设计扇骨

图 5-7 竹片

第一步:
选择16根竹片,用小刀将竹片稍作修改,使每根竹片长度为15cm,然后在每根竹片同一位置做好标记,再用锥子钻孔,确保扇钉能钉入(见图5-7)。

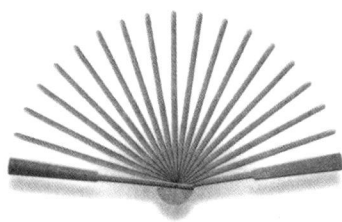

图 5-8 扇骨

第二步:
将16根竹片重叠在一起,然后用扇钉钉入,使其固定。再将扇骨摊开,再用量角器使得每一根竹片之间的夹角为10°(见图5-8)。

4.形成折扇

图 5-9 折扇成品

用胶水将扇骨黏合在扇面上且使其固定,可以按照扇骨的方向对折扇进行折合(见图5-9)。

　　同学们,通过有趣的动手制作,相信大家都收获了成功的喜悦! 那就将我们的折扇成品用照片的形式分享给你的小伙伴们吧! 扇文化介绍如图 5-10 所示。

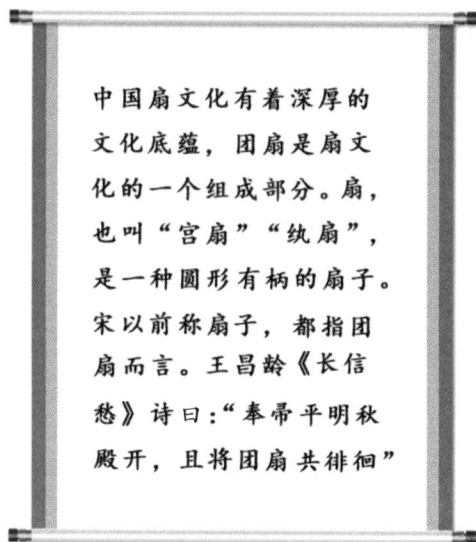

中国扇文化有着深厚的文化底蕴,团扇是扇文化的一个组成部分。扇,也叫"宫扇""纨扇",是一种圆形有柄的扇子。宋以前称扇子,都指团扇而言。王昌龄《长信愁》诗曰:"奉帚平明秋殿开,且将团扇共徘徊"

图 5-10　扇文化赏析

活动二:动手设计

　　曾有学者形容团扇(见图 5-11)是"女人的文化"。现有公司要求你设计一款与活动一弧长相同的团扇。那么,请各位同学与组内的小伙伴们根据活动一的方案设计一款团扇并完成表 5-1。

图 5-11　团扇

表 5-1　团扇设计方案

小组名称:			设计者:
小组成员			
日期	年　　月　　日		
工具			

（续表）

数据填写	弧长＝_____ 圆心角＝_____ 半径＝_____ 利用的公式_____
设计步骤	
设计过程中的问题	
如何解决	
作品展示	
设计过程中你的感受	

评价

这个项目你完成得如何？请和你的同伴一起完成表 5-2"浙江信息工程学校'项目性研究'学习评价表"，完成较好的打"A"，一般的打"B"，较差的打"C"。

最后，如果你获得了 15 个以上的"A"，说明你完成得很棒！

如果你获得了 10 个以上的"A"，说明你已经入门了，继续努力！

如果你获得了 5 个以上的"A"，说明你需要加油了！

表 5-2　浙江信息工程学校"项目性研究"学习评价表

学习指标	自评	他评
参与活动的积极性		
对活动实际意义的理解		
活动中的动手能力		
对数学概念及其本质的理解		
想象能力和具象化能力		
发现数学美的能力		
与他人合作的能力		
作品质量		
活动过程中的进步		

你在过程中遇到了什么困难？

这个项目中，你收获了什么？

作业

动手作业：炎炎夏日实在闷热,而扇子的出现能够给大家带来一阵阵清凉。那么究竟是折扇扇起来比较凉快还是团扇呢？请大家课后翻阅资料根据你的观点撰写一篇小论文。

要求：①字数不少于 800 字;②论点明确;③数据可靠。

相机电池的合理使用

题目

　　通过调查和实验,探究与相机配套的电池使用寿命(以镍氢充电电池和一次性普通电池为例),从经济的角度选择合理的相机电池。

用具

　　三种不同容量(1 300mA、2 000mA、2 600mA)GP超霸镍氢充电电池(5 号)各 2 只,一次性金霸王、南孚、双鹿普通电池(5 号)各 2 只,Nikon 充电器(型号 MH-71)1 台,Nikon照相机(型号 7600)1 台。

链接

电池的发展历程

最原始的电池是意大利科学家伏特发明的(见图6-1)。

电池的原型是莱顿瓶,将带电的物体被放在玻璃瓶中,就可以保存电量并加以使用。

1799年,伏特把一块锌板和一块银板浸在盐水里,发现连接两块金属的导线中有电流通过。于是,他就把许多锌片与银片之间垫上浸透盐水的绒布或纸片,平叠起来。用手触摸两端时,会感到强烈的电流刺激。伏特用这种方法成功地制成了世界上第一个电池——"伏特电堆"。这个"伏特电堆"实际上就是串联的电池组。它成为早期电学实验、电报机的电力来源。

1836年,英国的丹尼尔对"伏特电堆"进行了改良。他使用稀硫酸做电解液,解决了电池极化问题,制造出第一

图6-1　伏特

个不极化、能保持平衡电流的锌-铜电池,又称"丹尼尔电池"。此后,又陆续有去极化效果更好的"本生电池"和"格罗夫电池"等问世。但是,这些电池都存在电压随使用时间延长而下降的问题。

1860年,法国的普朗泰发明出用铅做电极的电池。这种电池的独特之处是,当电池使用一段使电压下降时,可以给它通以反向电流,使电池电压回升。因为这种电池能充电,可以反复使用,所以称它为"蓄电池"。

也是在1860年,法国的雷克兰士(George Leclanche)还发明了世界广泛使用的电池(碳-锌电池)的前身。它的负极是锌和汞的合金棒(锌-伏特原型电池的负极,经证明是作为负极材料的最佳金属之一),而它的正极是一个多孔的杯子,装着碾碎的二氧化锰和碳的混合物。在此混合物中插有一根碳棒作为电流收集器。负极棒和正极棒都被浸在作为电解液的氯化铵溶液中。此系统被称为"湿电池"。雷克兰士制造的电池虽然简陋但很便宜,所以一直到1880年才被改进的"干电池"所取代。负极被改进成锌罐(即电池的外壳),电解液变为糊状而非液体,基本上这就是现在我们所熟知的碳-锌电池。

1887 年,英国人赫勒森发明了最早的干电池。干电池的电解液为糊状,不会溢漏,便于携带,因此获得了广泛应用。

1896 年,在美国批量生产干电池。

1899 年,Waldmar Jungner 发明镍镉电池。

1954 年,Gerald Pearson、Calvin Fuller and Daryl Chapin 开发出太阳能电池。

1970 年前后一次性锂电池实用化。

1976 年,Philips Research 的科学家发明镍氢电池。

1999 年,可充电锂聚合物电池商业化生产,2000 年我国锂离子电池商业化生产。

2000 年后,燃料电池、太阳能电池成为全世界瞩目的新能源发展问题的焦点。

……

实践

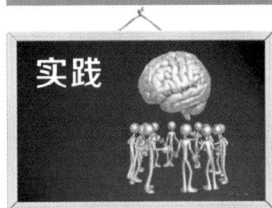

当前与相机配套使用的电池有高效率的镍氢充电电池和普通的一次性电池等,镍氢充电电池因使用耐久、方便,深受人们的青睐。而如今市场上的一次性电池比比皆是,镍氢充电电池凭借着无须充电、简单便携、单价低廉的优势,其使用份额依然占据了市场的半壁江山。于是,我们不禁想到了以下两个问题:

(1)一次性电池与高效镍氢充电电池到底孰优孰劣?

(2)如何选择更加适宜的电池?

在此,同学们分成三个小组,分别是实验小组、调查小组和数据记录处理小组,三个小组分工合作,从电池使用经济的角度,通过实验和调查一探究竟。

1. 实验小组具体工作步骤

(1)将三种不同容量(1 300mA、2 000mA、2 600mA)全新未使用的 GP 超霸镍氢充电电池分别放入同一 Nikon 充电器(型号 MH-71)中,在 220V 电压下进行充电,直至充满电,记录三种充电电池充满电所需的时间(t_{11},t_{12},t_{13}),待用。

(2)分别将上述已充满电的三种不同容量(1 300mA、2 000mA、2 600mA)的 GP 超霸镍氢充电电池、新购的一次性双鹿、南孚和金霸王普通电池装入 Nikon 照相机(型号 7600),拍摄相片,直至不同型号电池各自的电量耗尽,记录六种情况的使用时间(t_{21},t_{22},t_{23},t_{24},t_{25},t_{26},镍氢充电电池的使用时间是指不能再重复充电的累计使用时间)。

2.调查小组具体工作步骤

(1)通过 GP 超霸镍氢充电电池官网或当地代售点,调查三种不同容量(1 300mA、2 000mA、2 600mA)GP 超霸镍氢充电电池的充电电流(I_1,I_2,I_3)以及充电—放电的循环使用次数(n_1,n_2,n_3)。

(2)以湖州当地浙北大厦超市的售价为例,调查三种不同容量(1 300mA、2 000mA、2 600mA)GP 超霸镍氢充电电池以及双鹿、南孚、金霸王一次性普通五号电池的售价(x_1,x_2,x_3,x_4,x_5,x_6,单位:元/对)。

3.数据记录处理小组具体工作步骤

本小组成员收集、整理实验小组和调查小组成员得出的数据,将数据填入实验调查表6-1。

表6-1　实验调查表1

项目／类别	容量(毫安时)	电池电压(伏)	充电电流 I(安)	充满电所需时间 t_1(小时)	满电可使用时间 t_2(小时)	可循环使用次数 n(次)	市场价 x(元/对)
GP 超霸镍氢充电电池①	1 300	1.2	I_1	t_{11}	t_{21}	n_1	x_1
GP 超霸镍氢充电电池②	2 000	1.2	I_2	t_{12}	t_{22}	n_2	x_2
GP 超霸镍氢充电电池③	2 600	1.2	I_3	t_{13}	t_{23}	n_3	x_3
双鹿电池(一次性)	/	1.5	/	/	t_{24}	1	x_4
南孚电池(一次性)	/	1.5	/	/	t_{25}	1	x_5
金霸王电池(一次性)	/	1.5	/	/	t_{26}	1	x_6

完成实验和调查之后,学生以四人为一小组,根据调查实验数据,利用函数的思想进行计算,对比计算结果,从经济的角度选择不同的电池作为相机电池。

4.成本费用支出计算模型

由实验调查数据可知:

一对镍氢充电电池使用时间为 nt_2。

假设总成本费用支出为 y 元,相机拍照时间为 t 小时。

以浙江省为例,用电度数计算如图 6-2 所示。

浙江省普通居民电费单价为0.538元/千瓦时,用电度数=电压×电流×时间/1000。

图 6-2 用电度数计算

镍氢充电电池成本费用计算

总成本支出＝电池购买支出＋充电电费支出;

电池购买支出＝电池数量(对)×市场价(元/对)＝ $\dfrac{t}{nt_2} \times x$;

充电电费支出＝(用电度数×电费单价)×充电次数＝ $\dfrac{0.538 \times 1.2 I}{1000} \times t_1 \times \dfrac{t}{t_2}$。

难度系数:★★★★

一次性普通电池成本费用计算

总成本支出＝电池购买支出＝电池数量(对)×市场价(元/对)＝ $\dfrac{t}{nt_2} \times x$。

难度系数:★★

现在,我们以容量为 1 300mA 的 GP 超霸镍氢充电电池和双鹿一次性普通电池为例,根据实验调查表 6-2,同学们通过成本费用支出计算模型进行计算,比较相机在不同拍摄时间时选择哪种电池更划算。

表 6-2　实验调查表 2

项目 类别	容量 （毫安时）	电池电压（伏）	充电电流 I（安）	充满电所需时间 t_1（小时）	满电可使用时间 t_2（小时）	可循环使用次数 n（次）	市场价 （元/对）x
GP 超霸镍氢充电电池①	1 300	1.2	0.13	16	4	1 000	30
双鹿电池（一次性）	/	1.5	/	/	2	1	3

由实验调查数据可知：

一对 GP 超霸镍氢充电电池有效使用时间为 4 000 小时。

假设总成本费用支出为 y 元，相机拍照时间为 t 小时（$t \leqslant 4\ 000$ 小时）。那么，

(1)GP 超霸镍氢充电电池①购买支出＝30 元/对；

充电电费支出＝$\dfrac{0.538 \times 1.2 \times 0.13}{1\ 000} \times 16 \times \dfrac{t}{4} = 0.000\ 335\ 712t$ 元；

GP 超霸镍氢充电电池①成本费用总支出 $y_1 = 0.000\ 335\ 712t + 30$ 元。

(2)双鹿电池（一次性）成本费用总支出 $y_2 = \dfrac{3t}{2} = 1.5t$ 元。

交流讨论

当 $y_1 > y_2$ 时，$0.000\ 335\ 712t + 30 > 1.5t$，解得 $t < 20$ 小时；

当 $y_1 = y_2$ 时，$0.000\ 335\ 712t + 30 = 1.5t$，解得 $t = 20$ 小时；

当 $y_1 < y_2$ 时，$0.000\ 335\ 712t + 30 < 1.5t$，解得 $t > 20$ 小时。

综上所述，当相机使用时间大于 20 小时时，使用镍氢充电电池①较节约成本；当使用时间等于 20 小时时，使用两种电池总费用相同；当使用时间小于 20 小时时，使用一次性电池将更加便宜。显然，结论已经很明确了，拍照时间不同，选择结果也会不同。

现在，相信同学们对于数据的处理和计算已经熟悉了，接下来，同学们按照 6 人为一小组，分别计算实验调查表 1（见表 6-1）中六种不同电池的成本费用总支出，并完成成本费用支出计算表（见表 6-3）。每两组互相比较，当拍照时间为多少时，选择哪种电池更经济？

表 6-3　成本费用支出计算表

小组编号：	组长：		日期：
小组成员			
前提条件	假设:总成本费用支出为 y 元,相机拍照时间为 t 小时($t \leqslant 4\,000$ 小时)		
数据			
计算过程			
计算结果			
学习过程中你体会到了什么			

评价

这个项目你完成得如何？请和你的同伴一起完成表 6-4"浙江信息工程学校'项目性研究'学习评价表"，完成较好的打"A"，一般的打"B"，较差的打"C"。

最后,如果你获得了 15 个以上的"A",说明你完成得很棒!

如果你获得了 10 个以上的"A",说明你已经入门了,继续努力!

如果你获得了 5 个以上的"A",说明你需要加油了!

表 6-4　浙江信息工程学校"项目性研究"学习评价表

学习指标	自评	他评
参与活动的积极性		
对活动实际意义的理解		
活动中的动手能力		
对数学概念及其本质的理解		
想象能力和具象化能力		
发现数学美的能力		
与他人合作的能力		
作品质量		
活动过程中的进步		

你在过程中遇到了什么困难？

这个项目中,你收获了什么？

iPhone 手机电池寿命调查

随着智能手机的普及,iPhone 手机凭借其各方面的优越性能,使得很多年轻人对其钟爱有加。在学生群体中,越来越多的学生也拥有 iPhone 手机,但是很多人都不会正确地对手机进行充电和放电,使得 iPhone 手机耗电非常迅速,电池的寿命也变得越来越短。有鉴于此,在学过本项目内容之后,同学们以小组为单位,设计调查表格,分别调查 iPhone 手机不同使用时间(如 2 个月、4 个月、6 个月、8 个月、10 个月、12 个月)及电池充满电之后正常待机时间,同时,调查手机拥有者平时使用手机存在着哪些陋习和安全隐患,最后以文字的形式做一份报告,向全体学生做一份手机文明使用倡议书。

项目七

如何解决下料问题

题目

在生活中常遇到通过切割、剪裁等手段,将原材料加工成所需要尺寸的工艺过程,这个过程称为原料下料问题。本项目需要同学们利用数学线性规划来处理下料方案,使得原材料最少或成本最低。

用具

准备与原材料钢板 2：1 比例的红色卡片纸和蓝色卡片纸各 100 张、直尺、手工刀或剪刀各 10 把。

链接

线性规划之父——丹齐格的传奇故事

丹齐格(见图 7-1)师从著名的统计学家奈曼教授,在他们之间发生过一个非常具有传奇色彩的故事。一天,丹齐格因故迟到,看到黑板上写着两道题目,以为是老师留的课外作业,就抄了下来。在解题的过程中,丹齐格感到有点困难,用了好几天时间才完成,为此他还特意向奈曼教授道歉。几周后的一个清晨,丹齐格被一阵急促的敲门声吵醒,奈曼教授一进门就激动地说:"我刚为你的论文写好一篇序言,你看一下,我要立即寄出去发表。"丹

图 7-1　丹齐格

齐格过了好一会儿才明白奈曼教授的意思:原来之前黑板上留下的两道题是统计学中著名的未解决问题,他竟然当成课外作业解决了!

后来谈到这件事时,丹齐格感慨道:如果自己预先知道这两道是统计学领域中一直悬而未决的难题,根本就不会有信心和勇气去思考,也不可能解决它们。

丹齐格的故事告诉我们:一个人的潜能是难以预料的,成功的障碍往往来自于心理上的畏难情绪;一定要相信自己,保持积极的态度。

1947 年,丹齐格在解决美国制定空军军事规划时,提出了线性规划问题及其求解方法——单纯形法,使得线性规划在理论上日趋成熟,在实用中日益广泛和深入(见图 7-2)。

线性规划模型建立步骤:

(1)列出约束条件及目标函数;

(2)画出约束条件所表示的可行域;

(3)在可行域内求目标函数的最优解及最优值。

设 $z=2x+y$,式中变量 x, y 满足条件 $\begin{cases} x-4y\leqslant-3 \\ 3x+5y\leqslant25 \\ x\geqslant1 \end{cases}$ 求 z 的最大值和最小值。

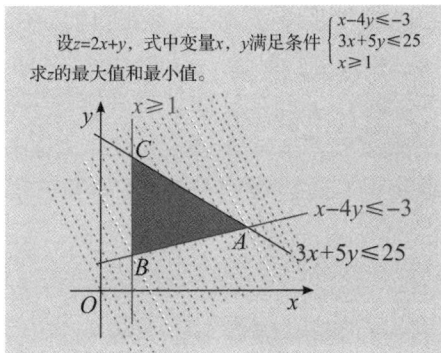

图 7-2　线性规划

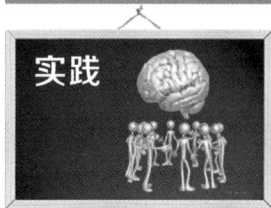
实践

我校机电部在维修机械工件时,分别需要规格为 300×150、300×50、150×100(单位:cm)的 A,B,C 三种矩形小钢板 15、18、27 块。由于场地材料有限,仅有 300×500 和 300×400 的甲和乙两种规格的矩形钢板,经过小组测量,每张甲钢板可同时截得 A 钢板 2 块、B 钢板 1 块、C 钢板 3 块(见图 7-3);每张乙钢板可同时截得 A 钢板 1 块、B 钢板 2 块、C 钢板 3 块(见图 7-4)。

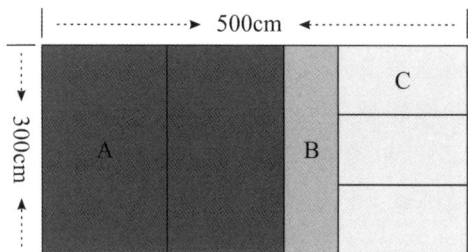

图 7-3　甲钢板

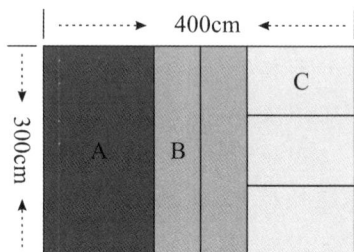

图 7-4　乙钢板

问题:各截甲、乙两种钢板多少张可得所需 A,B,C 三种规格成品,且使所用张数最少?

相信同学们已经对本题有所理解了,接下来,请同学们以 4 人为一小组,尝试去做一做吧! 同时,完成钢板初步截取方案(见表 7-1)。

做一做:

第一步:各小组以甲、乙两种钢板为对象,以 20:1 的比例分别准备红、蓝卡片纸各 10 张。

第二步:以 20:1 的比例,小组动手在卡片纸上截取 A,B,C 所需数量。

第三步:各小组比较截取 A,B,C 所需成品之后使用的红、蓝卡片纸的数量。

表 7-1　钢板截取方案

小组名称:		组长:	
小组成员			
日期	年	月	日

初步 截取方案	
线性规划 确定方案	
两种方案 结果对比	
整个过程 中你体会 到了什么	

线性规划确定截取方案使得甲、乙钢板用量最少

为了方便同学们的阅读和理解,我们将下面题目中的无用信息去除,保留题目的关键信息,从而以另一种形式呈现。

要将甲、乙两种大小不同的钢板截成 A,B,C 三种规格,每张钢板可同时截得三种规格的小钢板块数如表 7-2 所示。

表 7-2　切割出小钢板的块数

钢板类型	A 规格	B 规格	C 规格
甲	2	1	3
乙	1	2	3

解:由题可设需要甲钢板 x 张,乙钢板 y 张,钢板总数 z 张,则目标函数为 $z = x + y$。

从线性规划角度出发,由题可得不等式组 $\begin{cases} 2x + y \geq 15 \\ x + 2y \geq 18 \\ 3x + 3y \geq 27 \\ x \in \mathbf{N}, y \in \mathbf{N} \end{cases}$,根据不等式组做出可行域,如图 7-5 所示。

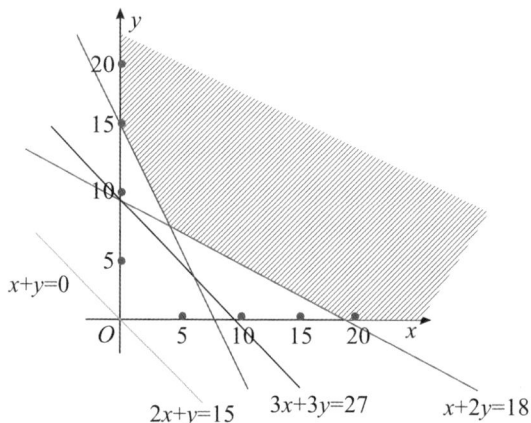

图 7-5　可行域

所以将本题转化为数学模型即求 $z = x + y$ 的最小值,由图 7-5 知, $z = x + y$ 可由 $x + y = 0$ 平移得到,而在可行域范围内平移,易知当 $x + y = 0$ 平移到 $2x + y = 15$ 与 $x + 2y = 18$ 两直线的交点时,所得 $z = x + y$ 最小。

直线 $2x + y = 15$ 与直线 $x + 2y = 18$ 的交点为 $(4, 7)$,即 $x = 4$, $y = 7$。经检验,满足条件 $x \in \mathbf{N}, y \in \mathbf{N}$,所以当 $x = 4$, $y = 7$ 时, $z_{min} = 11$。也就是说,截取 A,B,C 三种矩形小钢板 15、18、27 块,至少需要甲钢板 4 块、乙钢板 7 块才能截取完成。

同学们,你们理解了吗?如果理解了,请把计算过程和线性规划确定截取的方案填入表 7-1,并且对比本小组学习前的初步截取方案,看看哪种方案更合理、更科学。

评价

这个项目你完成得如何？请和你的同伴一起完成表 7-3"浙江信息工程学校'项目性研究'学习评价表"，完成较好的打"A"，一般的打"B"，较差的打"C"。

最后，如果你获得了 15 个以上的"A"，说明你完成得很棒！
如果你获得了 10 个以上的"A"，说明你已经入门了，继续努力！
如果你获得了 5 个以上的"A"，说明你需要加油了！

表 7-3 浙江信息工程学校"项目性研究"学习评价表

学习指标	自评	他评
参与活动的积极性		
对活动实际意义的理解		
活动中的动手能力		
对数学概念及其本质的理解		
想象能力和具象化能力		
发现数学美的能力		
与他人合作的能力		
作品质量		
活动过程中的进步		

你在过程中遇到了什么困难？

这个项目中，你收获了什么？

作业

有一批钢管,长度都是 4 000mm,要截成 500mm 和 600mm 两种毛坯,且这两种毛坯数量比大于 $\frac{1}{3}$ 配套,怎样截取最合理?请你给出方案,并阐述该方案的优劣性。

项目八

如何在平面上镶嵌

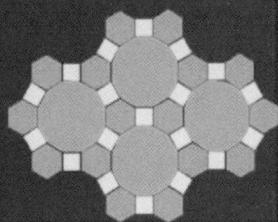

题目

如果你是装修公司的设计师,公司打算由你设计几款地板图案,你该如何设计呢?

用具

卡纸、三角板、量角器、彩笔。

链接

找一找我们身边的镶嵌问题

情境一:小花的妈妈准备把一些形状、大小相同的三角形花布丢掉(见图 8-1)。

小花:妈妈,这些花布很好看,您为什么要丢掉呢?

妈妈:小花,这些布是很漂亮,可是面积太小,做不了什么东西,只好把它们丢掉!

小花:别扔,让我想想办法,把这些花布拼成一块漂亮的桌布吧。

图 8-1　三角形花布

结论:形状、大小完全相同的任意三角形能镶嵌成平面图形。

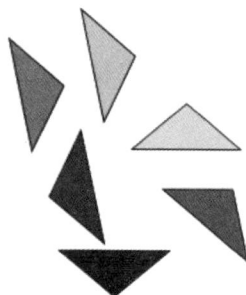

情境二:在湖州南浔的一个地板加工厂的废料堆里,正堆放着大量的四边形木块(见图 8-2),这些废木块的大小、形状是一样的,它们既不是正方形,也不是长方形,都是不规则的四边形,如果把它们做成比较规则的形状,必须锯掉一些边角,就要浪费很多木料,有人建议用这些木料来铺地板!同学们说说行吗?

图 8-2　四边形木块

结论:答案是肯定的,原因是形状、大小相同的任意四边形能镶嵌成平面图形。

情境三:生活中常见的平面镶嵌图片如图 8-3～图 8-5 所示。

图 8-3　地砖　　　　图 8-4　各式各样的瓷砖　　　图 8-5　生活中的地砖、瓷砖

同学们,今天就让我们一起走进平面镶嵌的世界吧!

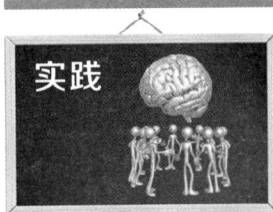

实践

活动一:寻找生活中的密铺图案

认真观察我们身边的事物,就会发现许多镶嵌而成的美丽图案,同时自然界中也存在着丰富多彩的镶嵌图案。那么,你还记得平面镶嵌的定义吗?

用形状和大小完全相同的一种或几种平面图形进行拼接,彼此之间不留空隙、不重叠地铺成一片,这就是平面图形的密铺,又称平面图形的镶嵌。

我们不得不提问:在平面镶嵌时如何做到既无缝隙又不重叠? 也就是要在什么条件下才能进行平面镶嵌呢?

当围绕一点拼在一起的几个多边形的内角加在一起恰好组成一个周角 $360°$ 时,就铺成了一个平面图形。

活动二:一种正多边形平面镶嵌

试用单一的正多边形进行镶嵌,哪几种正多边形能镶嵌成一个平面?

1. 正三角形的平面镶嵌(见图 8-6)

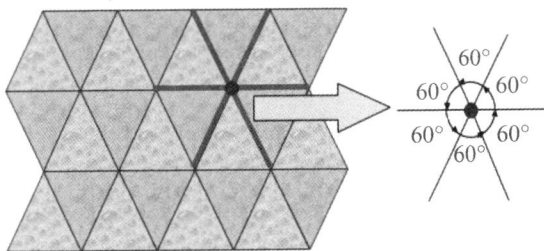

图 8-6 正三角形平面镶嵌

我们从图 8-6 中发现,每个顶点是由 6 个正三角形依次环绕而成。即由 6 个正三角形可以镶嵌成一个平面。

2. 正四边形的平面镶嵌(见图 8-7)

我们从图 8-7 中发现,每个顶点是由 4 个正四边形依次环绕而成。即由 4 个正四边形可以镶嵌成一个平面。

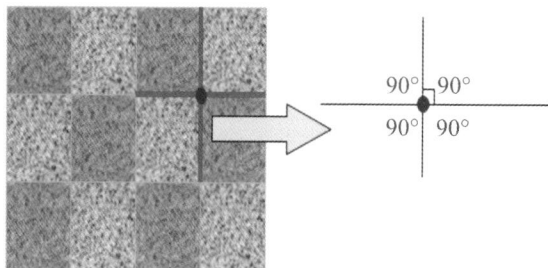

图 8-7　正四边形平面镶嵌

3. 正六边形的平面镶嵌（见图 8-8）

我们从图 8-8 中发现，每个顶点是由 3 个正六边形依次环绕而成。即由 3 个正六边形可以镶嵌成一个平面。比如生活中最常见的蜜蜂窝就是利用正六边形构造而成且非常精巧、适用、节省材料。

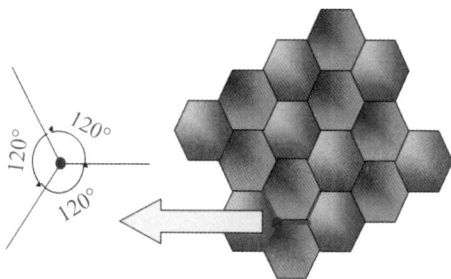

图 8-8　正六边形平面镶嵌

想一想？

同学们，如果是正五边形（见图 8-9）可以镶嵌成一个平面吗？

我们都知道正 n 边形内角和为 $(n-2) \cdot 180°$（n 大于等于 3 且 n 为整数），因此正五边形每一个内角为 $\dfrac{(5-2) \cdot 180°}{5} = 108°$，如果单一的正五边形可以平面镶嵌，那么假设由 $n(n \in \mathbf{Z}^+)$ 个正五边形可以镶嵌成一个平面，则有 $n \cdot 108° = 360°$ 成立。但是事实上 n 是不存在的。因此我们可以说正五边形是不能进行平面镶嵌的。

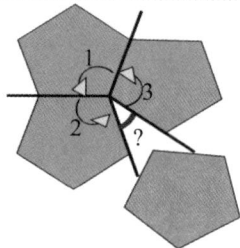

图 8-9　正五边形

同学们，通过以上的介绍，我们了解到如果仅用一种正多边形进行镶嵌，只有正三角形、正四边形与正六边形可以镶嵌成一个平面。接下来，我们通过数学中的方程来验证这个结论。

仅用一种正多边形进行镶嵌，要嵌成一个平面，必须要求在公共顶点上所有内角和为 $360°$。假设正多边形的边数为 n，正多边形的个数为 m，则有 $\dfrac{(n-2) \cdot 180°}{n} \cdot m = 360°$，解得 $m=6, n=3; m=4, n=4; m=3, n=6$，所以可以用同一种正多边形平面镶嵌的图形只有正三角形、正四边形和正六边形。

活动三：两种正多边形的平面镶嵌

我们允许两种正多边形组合起来镶嵌,那么哪两种边长相等的正多边形组合起来能镶嵌成一个平面呢? 如图 8-10 所示由 3 个正三角形与 2 个正四边形密铺成的一个美丽平面。相信将其他的两种正多边形组合镶嵌后还会有更多精美的图案!

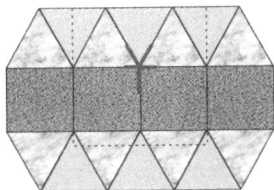

图 8-10　正三角形与正四边形平面镶嵌

我们提供若干正多边形,如图 8-11 所示。请自由选择两种能镶嵌的正多边形,动手试一试,组成一幅镶嵌图,并完成表 8-1。

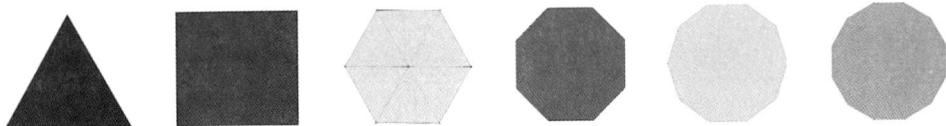

图 8-11　若干正多边形

表 8-1　探索两种正多边形的平面镶嵌

第一种正多边形、个数	第二种正多边形、个数	镶嵌图案
3 个正三角形	2 个正四边形	如图 8-10 所示

提问:同学们,通过以上我们对一种、两种正多边形平面镶嵌问题的探索,相信大家对平面镶嵌已经很感兴趣了。那么你能否用三种正多边形组合镶嵌成有趣的图案?

活动四：三种正多边的平面镶嵌

我们可以用 1 个正三角形、2 个正四边形与 1 个正六边形进行镶嵌,如图 8-12所示。

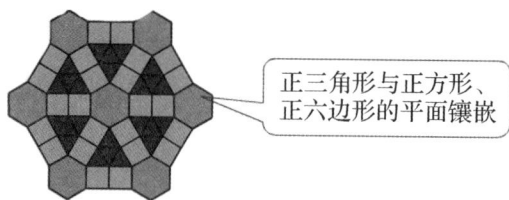

正三角形与正方形、
正六边形的平面镶嵌

图 8-12　三种正多边形的平面镶嵌

提问:同学们,由三种正多边形镶嵌而成的图案一定有许多,现在请大家利用活动三中若干正多边形,进行表 8-2 中的组合,且画出相应的图案。

表 8-2　探索三种正多边形的平面镶嵌

第一种正多边形	第二种正多边形	第三种正多边形	镶嵌图案
正三角形	正四边形	正六边形	如图 8-12 所示
正四边形	正六边形	正十二边形	
正三角形	正四边形	正十二边形	

你能从上面活动三、活动四中得出平面镶嵌的基本规律吗？我们可以试着通过代数方法探究能够进行平面镶嵌的正多边形种类及其组合方式,并结合以上活动中介绍的图案,从而体会数形结合的思想。

如果用几种(包括两种或三种)正多边形进行平面镶嵌,一个必要条件是在每一个顶点处,相邻的正多边形的内角和为 $360°$,设正多边形的边长为 $n_1,n_2,$ $\cdots,n_m$,又因为正多边形每一个内角是 $\dfrac{(n-2)\cdot 180°}{n}$,由平面镶嵌的定义可知,要使共点的 m 个内角和为 $360°$,则有以下式子成立：

$$\dfrac{(n_1-2)\cdot 180°}{n_1}+\dfrac{(n_2-2)\cdot 180°}{n_2}+\cdots+\dfrac{(n_m-2)\cdot 180°}{n_m}=360°$$

化简整理得到：$\dfrac{1}{n_1}+\dfrac{1}{n_2}+\cdots+\dfrac{1}{n_m}=\dfrac{m-2}{2}$。我们需要再对 n,m 讨论,可以得出组合的 17 种情况,但验证后能够镶嵌的只有 11 种情况。当然包括了活动二、活动三中介绍的几种镶嵌情况。如果我们仅是用尝试的方法逐一检验,会有遗漏的情况。最好是用方程的思想,才能得到全部的组合方式。

活动五:不规则多边形的平面镶嵌

细心的你是否留意到我们生活中很多精美的图案是由不规则图形镶嵌而成的呢? 说说你的看法,如图 8-13~图 8-15 所示。

图 8-13　不规则多边形
镶嵌一

图 8-14　不规则多边形
镶嵌二

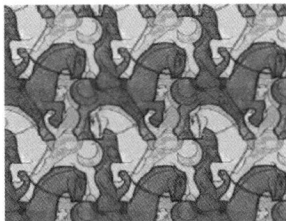

图 8-15　不规则多边形
镶嵌三

同学们了解了以上活动介绍的内容后,相信大家对平面镶嵌已有了一定的了解,同时也迫不及待想要亲手设计一款属于自己的地板或瓷砖图案吧! 绘画用具如图 8-16 所示。

大家心中一定有了设计的初步思路,请大家动手画一画,记得与组内的伙伴们一起讨论自己设计过程中的问题,同时完成表 8-3。

动手画一画

用具:卡纸、彩笔、
三角板、量角器

design

图 8-16　绘画用具

表 8-3　利用平面镶嵌设计地板或瓷砖

小组名称:			设计者:	
小组成员				
日期	年	月	日	
设计方案 思路				

（续表）

设计原理	
设计过程 中的问题	
如何解决	
作品展示	
设计过程中 你的感受	

评价

这个项目你完成得如何？请和你的同伴一起完成表 8-4"浙江信息工程学校'项目性研究'学习评价表"，完成较好的打"A"，一般的打"B"，较差的打"C"。

最后，如果你获得了 15 个以上的"A"，说明你完成得很棒！

如果你获得了 10 个以上的"A"，说明你已经入门了，继续努力！

如果你获得了 5 个以上的"A"，说明你需要加油了！

表 8-4 浙江信息工程学校"项目性研究"学习评价表

学习指标	自评	他评
参与活动的积极性		
对活动实际意义的理解		
活动中的动手能力		
对数学概念及其本质的理解		
想象能力和具象化能力		
发现数学美的能力		
与他人合作的能力		
作品质量		
活动过程中的进步		

你在过程中遇到了什么困难？

这个项目中，你收获了什么？

作业

动手作业:调查镶嵌图案中哪一种最畅销。

参考试验过程:以 6～8 名同学为一个小组,到最近的建材市场调查究竟哪一种镶嵌图案是最受消费者喜爱的,并完成表 8-5 所示的市场调查报告。

表 8-5　镶嵌图案的市场调查报告

小组名称:	小组成员:	组长:
前期准备者:	信息收集者:	信息分析、处理者:
调查问卷分发者:	报告撰写者:	审核人:
调查日期:	地点:	调查方式:
调查目的:		
市场中最畅销的是哪一种镶嵌图案?		
消费者如何看待这些镶嵌图案?		
商家如何看待这些镶嵌图案?		
此次调查的收获与体会:		

项目九

电影《神探夏洛克》中的数学

题目

观看电影《神探夏洛克》，找出电影中关于黄金比例的画面。

用具

尺、圆规、铅笔、相机。

链接

黄金比例

黄金比例(又叫黄金分割,黄金数,φ)指的是一个不可穷尽、永不重复的数字:1.618 033 988 7……这个数字自发现以来就不断触动人们的好奇心。斐波那契数列的认识始于中世纪,20 世纪以来对其不断有深入的开掘。今天,黄金比例和斐波那契数列不仅对从事自然科学研究的学者有很大的吸引力,对从事艺术创作的画家、雕塑家、音乐家也有普遍性的影响。

一、黄金分割的算法

(1)线段 AB 被点 C 分成线段 AC 和 BC,如果 $\dfrac{AC}{AB}=\dfrac{BC}{AC}$,那么称线段 AB 被点 C 黄金分割,点 C 叫作线段 AB 的黄金分割点,AC 与 AB 的比叫作黄金比。通过计算可知,黄金比为 $\dfrac{\sqrt{5}-1}{2}$(约为 0.618)。

(2)黄金矩形:一个矩形如果两边之比具有黄金比值,则称这种矩形为黄金矩形。它由一个正方形和另一个小黄金矩形组成。事实上,如图 9-1 所示,如果设大黄金矩形的两边为 a,b,则 $\dfrac{a}{b}=\dfrac{\sqrt{5}-1}{2}$。分出一个正方形

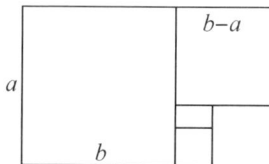

图 9-1 黄金矩形

后,所余小矩形的两边分别为 $(b-a)$ 和 a,它们的比为 $(b-a):a=\dfrac{b-a}{a}=\dfrac{b}{a}-1$ $=\dfrac{2}{\sqrt{5}-1}-1=\dfrac{\sqrt{5}-1}{2}$。这表明小的矩形也是黄金矩形。

(3)如何得到线段的黄金分割点 C 呢? 这里介绍一下操作方法:首先画一个参考 y 轴(纵轴),如图 9-2 所示。A 点位于 y 轴上,水平画出直线 AB,长度任意。以 A 为中心点、AB 为半径画一个圆,得到与 y 轴相交的 X 点,即 $AX=AB$。取 AX 的中心点 Z,即 $AZ=ZX$。连接 ZB,并以 Z 为中心点、ZB 为半径画一个圆,得到与 y 轴相交点 Y(下方相交点),即 $ZB=ZY$。最后,以 A 为中心点、

AY 为半径画一个圆,得到与 AB 相交的 C 点,此时 $AC=AY$。C 点即为黄金分割点。

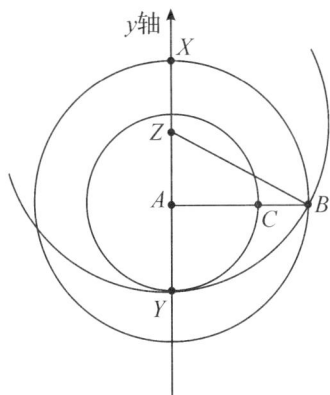

图 9-2　黄金分割示意图

大自然中的曲线黄金分割如图 9-3 所示。鹦鹉螺的曲线黄金分割构图也体现在网页构图上,如 Twitter 的 iPad 版构图,如图 9-4 所示。

图 9-3　大自然中的曲线黄金分割构图

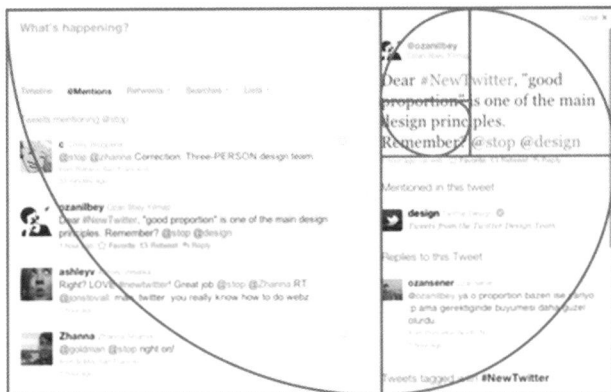

图 9-4　Twitter 的 iPad 版的曲线黄金分割构图

二、植物

"黄金角度"。生物学家发现,植物种类繁多、叶子形态各异,但是叶子在茎上的排列却有着特殊的规律。我们从某种植物的顶端往下看,便会发现上下层相邻的两片叶子之间所构成的角度约为 137.50°,如果每层叶子只画一片来表示,第一层和第二层的相邻两叶之间的角度约为 137.50°,以后二层到三层、三层到四层、四层到五层……两叶之间都成这个角度,这个角度对叶子的通风和采光最为有利,这种叶子之间的 137.50° 的角度与黄金数又有什么联系呢?我们知道,一周角为 360°,137.50∶222.50≈0.618。也就是说,各种植物叶子的生长规律中自然地隐藏着黄金数。向日葵花有 89 个花瓣,55 个朝向一方,34 个朝向另一方,如图 9-5 所示。

图 9-5　植物中的黄金比例

三、动物

斐波那契是在解一道关于兔子繁殖的问题时,得出了斐波那契数列。假定你有一雄一雌刚出生的一对兔子,它们在长到一个月时开始交配,在第二月结束时,雌兔子产下另一对兔子,过了一个月后它们也开始繁殖,如此这般持续下去。每只雌兔在开始繁殖时每月都产下一对兔子,假定没有兔子死亡,在一年后总共会有多少对兔子?在一月底,最初的一对兔子交配,但是还只有 1 对兔子;在二月底,雌兔产下一对兔子,共有 2 对兔子;在三月底,最老的雌兔产下第二对兔子,共有 3 对兔子;在四月底,最老的雌兔产下第三对兔子,两个月前生的雌兔产下一对兔子,共有

图 9-6　一对兔子

5 对兔子……如此这般计算下去,兔子对数分别是:1,1,2,3,5,8,13,21,34,55,89,144,…看出规律了吗?从第 3 个数开始,每个数都是前面两个数之和。

四、人物

身体比例。身材苗条的时装模特和翩翩起舞的舞蹈演员,她们的腿和身材的比例也近似于 0.618 的比值。

五、建筑雕塑

埃菲尔铁塔是世界著名建筑物。为了庆祝法国大革命胜利 100 周年,巴黎决定在 1889 年举办国际博览会,并要造一座永久性纪念建筑物。埃菲尔铁塔在 1889 年初建时,高度已达 300 米,是当时全世界最高的建筑物,直到 1930 年,仍是最高的(1959 年在埃菲尔铁塔顶部增设广播天线,使塔高增加到 320 米,现有 324.79 米)。埃菲尔铁塔在距离地面 57 米、115 米和 276 米处,各有一个平台,计算表明:(300-115)/300=0.617。所得比值与黄金比 0.618 相差甚微,由此可见,埃菲尔铁塔第二层平台的位置,非常接近于全塔高度的黄金分割点,从图 9-7 中可以看出,第二层平台正是埃菲尔铁塔张开的四条腿开始收拢的转折点。另外,埃及金字塔的高和底部边长也成黄金比例。

图 9-7　建筑物的黄金比例

六、其他

(1)人的体温 37℃,室温 25℃是人们感受最舒适的温度,而 25÷37=0.676,很接近黄金比 0.618。

(2)电脑显示器长与宽的比值约为 1.6(1/0.618=1.618)。

(3)理想体重的计算很接近身高×(1-0.618)。

(4)普通人一天上班 8 小时,8×0.618=4.944,上班第 5 个小时是最需要休息的时候,同时也是开始期待下班的时候。

(5)小学生一节课有 40 分钟,而注意力只有 40×(1-0.618)=15.28 分钟。

实践

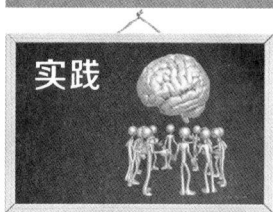

英剧《Sherlock Season》(《神探夏洛克》)(见图 9-8)是英国广播公司(简称 BBC)出品的迷你电视剧,由史蒂文·莫法特、马克·加蒂斯主创,本尼迪克特·康伯巴奇、马丁·弗瑞曼搭档主演。

在你惊叹这部好剧的同时,不知道你有没有发现,它其中精妙的摄影构图。在那些美得一塌糊涂的画面背后,其实有一条无形的螺线(见图 9-9)引领着你的眼睛。在各分集中,都运用了黄金分割法构图。还没有看过《神探夏洛克》的同学快去补课吧!

图 9-8 神探夏洛克

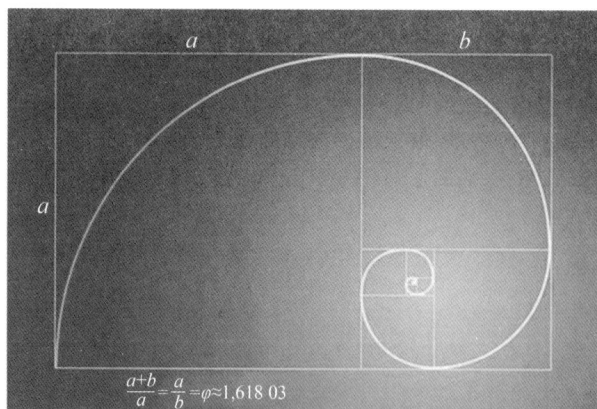

图 9-9 斐波那契比例图

黄金螺旋:黄金分割率为 1.618,依此比例多重分割矩形画面,可得到一条逐渐旋紧的对数螺线——黄金螺线。以黄金螺旋分割画面,或将拍摄主体放在螺旋紧处,是符合审美观的一种构图方法。

下面让我们一起来找出剧情截图中的黄金螺线吧!小组按照老师的要求,挑选其中的图片进行分析(见图 9-10~9-15),利用结论进行拍摄,并展示你们的照片。

任务卡（一）	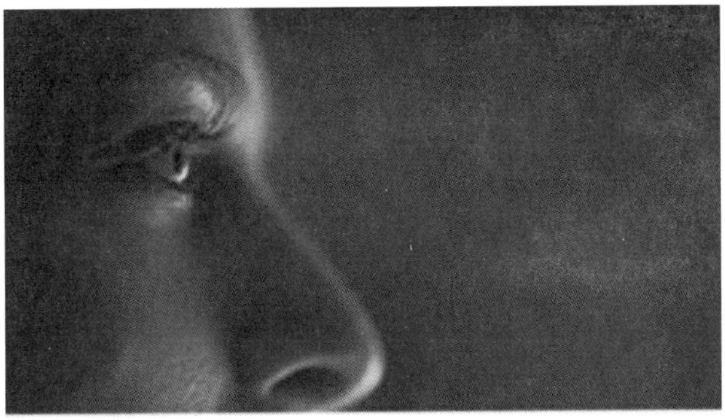 图 9-10 任务一
关键词	艾琳瞳孔的位置
结论	
展示你们组拍摄的照片	

任务卡（二）	 图 9-11 任务二
关键词	伦敦建筑地标
结论	
展示你们组拍摄的照片	

任务卡(三)	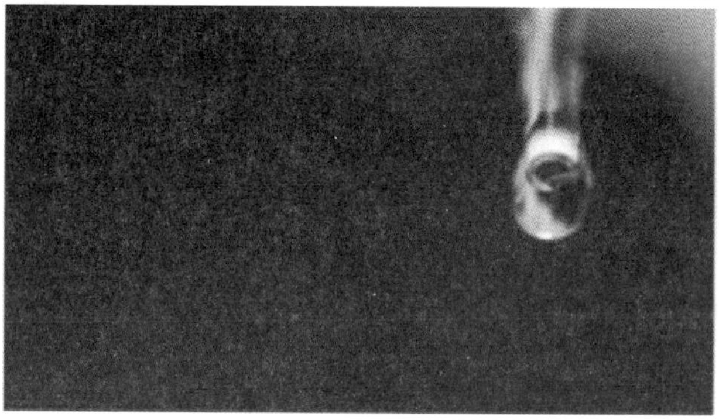 图 9-12　任务三
关键词	滴管的位置
结论	
展示你们组 拍摄的照片	

任务卡(四)	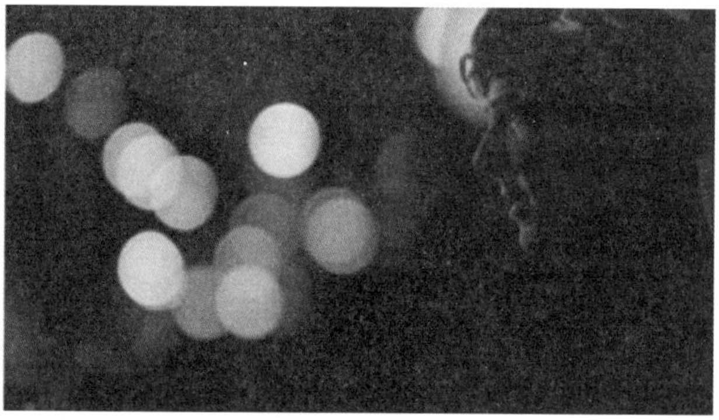 图 9-13　任务四
关键词	人物眼睛的位置
结论	
展示你们组 拍摄的照片	

任务卡（五）	 图 9-14　任务五
关键词	正义女神像头部
结论	
展示你们组 拍摄的照片	
任务卡（六）	 图 9-15　任务六
关键词	构图比例
结论	
展示你们组 拍摄的照片	

【参考答案】

任务卡(一)艾琳瞳孔的位置是两条黄金分割线的交点(见图9-16)。

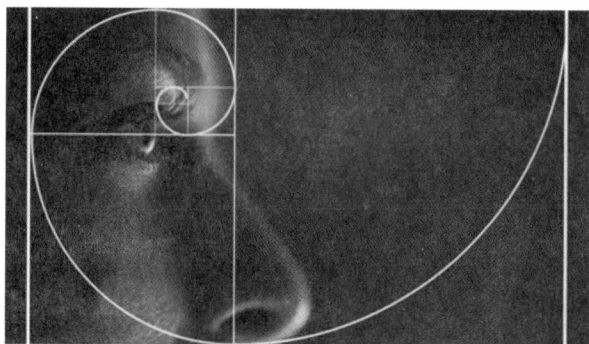

图9-16　任务一答案

任务卡(二)天际线与靠上的黄金分割线重合,给下边即将发生谋杀案的黑色大楼留出足够的空间。同时小黄瓜(圣玛丽斧街30号)、42塔和圣保罗大教堂穹顶等伦敦地标在天际线上的分布符合二重黄金分割(见图9-17)。

图9-17　任务二答案

任务卡(三)滴管放在二重黄金分割线的右侧,管口与水平黄金分割线齐平(见图9-18)。

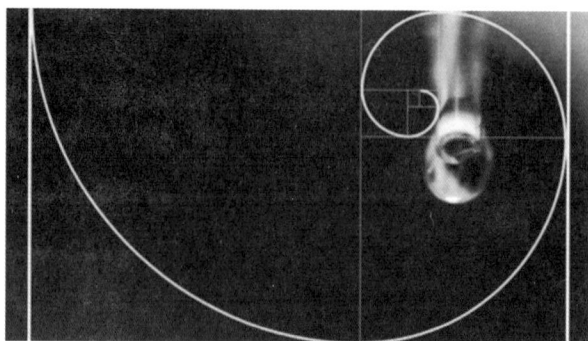

图9-18　任务三答案

任务卡（四）黄金螺线旋紧处突出人物眼睛；人物占画面右侧三分之一（见图9-19）。

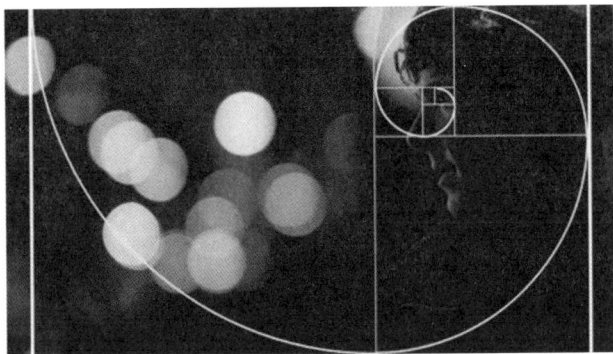

图 9-19　任务四答案

任务卡（五）老贝利屋顶的正义女神像，头部放在黄金螺线旋紧处（见图 9-20）。

图 9-20　任务五答案

任务卡（六）棱角分明的三角形构图，比例仍遵循黄金螺线分布（见图 9-21）。

图 9-21　任务六答案

评价

这个项目你完成得如何？请和你的同伴一起完成表 9-1"浙江信息工程学校'项目性研究'学习评价表"，完成较好的打"A"，一般的打"B"，较差的打"C"。

最后，如果你获得了 15 个以上的"A"，说明你完成得很棒！

如果你获得了 10 个以上的"A"，说明你已经入门了，继续努力！

如果你获得了 5 个以上的"A"，说明你需要加油了！

表 9-1　浙江信息工程学校"项目性研究"学习评价表

学习指标	自评	他评
参与活动的积极性		
对活动实际意义的理解		
活动中的动手能力		
对数学概念及其本质的理解		
想象能力和具象化能力		
发现数学美的能力		
与他人合作的能力		
作品质量		
活动过程中的进步		

你在过程中遇到了什么困难？

这个项目中，你收获了什么？

作业

每个小组从下面的五个选题中任取一个,并将研究成果制作成PPT,进行汇报展示(见表9-2)。

①自然生物界的黄金比例;

②建筑设计中的黄金比例;

③音乐中的黄金比例;

④人的脸部结构中的黄金比例;

⑤其他领域中的黄金比例。

评分标准如下:

①表达清晰,语言流畅;

②科学性强,知识全面;

③精心制作,布局合理;

④知识点详细,简单易懂。

表 9-2　"黄金比例"选题研究汇报展示

小组名称:		组长:	
小组成员			
选题			
选题研究结论			
评价	自评(10分)	小组间评价(10分)	教师评价(10分)
表达清晰,语言流畅			

（续表）

科学性强，知识全面			
精心制作，布局合理			
知识点详细，简单易懂			
参与过程中你体会到了什么			

项目十

如何制作"不可能三角形"

题目

　　能否利用大小、长度都相等的 3 根木条动手制作一个"不可能三角形"呢？

用具

　　木条、手锯、刨子、小刀、胶水、直尺、手电筒。

链接

游戏活动

俗话说："耳听为虚,眼见为实",但我们眼中所见事物,是否一定在实际生活中存在？那么,同学们,我们就一起做几个小游戏来找到答案吧!

1.游戏一

如图 10-1 所示,我们大家一起数一数图中有几个黑点？

图 10-1　数黑点

2.游戏二

如图 10-2 所示,当我们看着黑点随身体前后移动时,你是否看见了有趣的一幕呢？此时我们视觉的感受是眩晕的,似乎这些图案在眼前都动起来了。但事实上这些图案都是不动的。

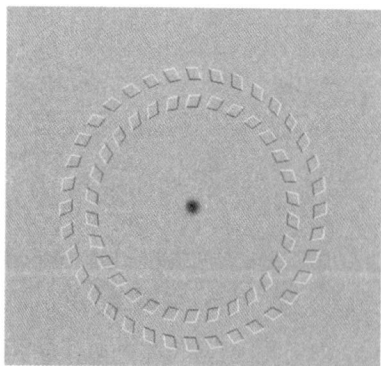

（a）

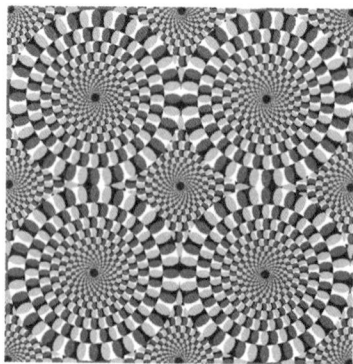

（b）

图 10-2　看图测验

3.游戏三

如图 10-3 所示,我们观察一下,究竟是左边图中的圆圈大还是右边图中的圆圈大呢? 我们都认为右边图中的圆圈大,可是事实上,我们可以用直尺测量出左右圆圈的半径,发现它们的半径是相等的。也就是这两个圆圈大小相同。

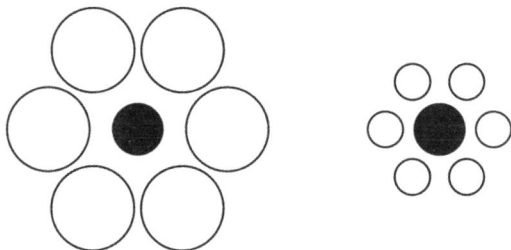

图 10-3　比较圆圈大小

通过上述游戏,说明了我们的感觉有时候会是错觉,我们的眼睛有时候是会"说谎"的。

其实,现实世界中有很多不可能客观存在的事物,是只会在二维世界中存在的一种图形。它是由人类视觉系统的瞬间意识对一个二维图形的三维投射而形成的光学错觉。这就是我们今天要介绍的"不可能图形"。

比如电影《盗梦空间》中主人公 Arthur 展示给 Ariadne 的奇怪阶梯,以及 Arthur 绕到佣兵背后的楼梯间,发现这是一个始终向上或向下无限循环的三维世界里不可能出现的悖论阶梯,在此阶梯上永远无法找到最高的一点或者最低的一点。这就是英国著名的数学物理学家、牛津大学数学系名誉教授罗杰·潘洛斯(Roger Penrose)提出的潘洛斯阶梯(又名彭罗斯阶梯),如图 10-4、图 10-5 所示。

图 10-4　电影《盗梦空间》画面(1)

图 10-5　电影《盗梦空间》画面(2)

实践

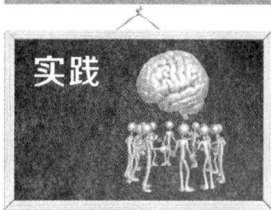

同学们,通过了解不可能图形,相信大家都迫不及待地想要找一找生活中的不可能图形。其实,不可能图形在我们身边是无处不在的。

活动一:不可能三角形

我们就一起动手制作一个"不可能三角形"(又称彭罗斯三角形),如图 10-6 所示。

图 10-6 不可能三角形

工具:木条、手锯、刨子、小刀、胶水、直尺。

过程:

①准备好三根木条,利用手锯将这三根木条锯成相等的长度,再用刨子、小刀在木条表面打磨,从而成为大小、长度都相同的长方体木条,如图 10-7 所示。

图 10-7 木条

②能否利用胶水将三根长方体木条进行黏合,组合成一个三条边两两垂直的三角形呢?

③以小组为单位动手制作、探讨且完成表 10-1。

表 10-1　制作"不可能三角形"

小组名称：		设计者：	
小组成员			
日期		年　　　月　　　日	
设计方案思路			
设计原理			
设计过程中的问题			
如何解决			
成果展示			
设计过程中你的感受			

同学们,相信大家现在手上都有了自己小组设计出来的成果。那就按照表10-2给自己的成果打个分吧!看看我们当中的哪位同学是"设计达人"。

表 10-2　制作"不可能三角形"评分表

成果展示(10分)	科学性(10分)	准确性(10分)	创新性(10分)

同学们,当我们看到图10-8时,觉得这个三角形任何一个角看起来都是合情合理的,但是当你从整体来看,你就会发现一个自相矛盾的地方。

在动手制作时,要求三角形的三条边两两垂直。但是,不知何故,我们无法组成一个封闭的三角形!那么我们很难设想它是怎样构成一个看似非常真实的三

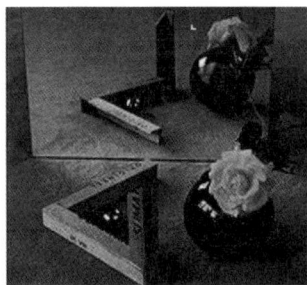

图 10-8　"不可能三角形"的真实情况

维物体的!其实,造成"不可能图形"的并不是图形本身,而是你在图形的三维知觉系统影响下,对三角形的每一个顶角都产生透视,而且每条边的距离变化不同,把三个顶角合成一个整体,就产生了一个空间不可能图形。

在现实生活中,我们可以构造出这个不可能三角形的物理模型,但这个模型只能从某一个角度看才是"不可能三角形"。如图10-8所示,在镜子中显示的才是真实的结构!

那么,我们可以采取什么方法使得"不可能三角形"变成"可能三角形"呢?相信有同学已经想到好的方法了吧!我们可以在室内利用手电筒或者天气晴朗时利用太阳光对"不可能三角形"模型进行投影(见图10-9)。大家就利用自己亲手做的"不可能三角形"模型试一试吧!

图 10-9　"不可能三角形"的投影

活动二:莫比乌斯带

在了解以下内容前,先思考一个问题:是否存在这样的曲面,使得小甲虫不翻越任何边界就爬遍了曲面的所有部分呢?

对于这样一个看起来十分简单的问题,数百年间,曾有许多科学家进行了认真研究,结果都没有成功。后来,德国的数学家莫比乌斯(见图 10-10)对此产生了浓厚兴趣,他长时间专心思索、试验,却毫无结果。

有一天,他被这个问题弄得头昏脑涨了,便到野外去散步。一片片肥大的玉米叶子,在他眼里变成了"绿色的纸条儿",他不由自主地蹲下去,有许多扭成

图 10-10　莫比乌斯

半圆形的,他随便撕下一片,顺着叶子自然扭的方向对接成一个圆圈儿,他惊喜地发现,这"绿色的圆圈儿"就是他梦寐以求的圈圈。

莫比乌斯回到办公室,裁出纸条,把纸的一端扭转 $180°$,再将一端的正面和背面黏在一起,这样就做成了只有一个面的纸圈儿。纸圈儿做成后,莫比乌斯捉了一只小甲虫,放在上面让它爬。结果小甲虫不翻越任何边界就爬遍了纸圈儿的所有部分。莫比乌斯激动地说:"公正的小甲虫,你无可辩驳地证明了这个圈儿只有一个面。"莫比乌斯带就这样被发现了(见图 10-11)。

图 10-11　莫比乌斯带

莫比乌斯带有多神奇,我们就通过以下"剪"的实验来研究吧!

工具:白纸、剪刀、双面胶。

过程一:我们利用工具制作一个简单的纸带,然后用剪刀沿着纸带的中间剪下去,会变成什么样子呢?

过程二:将一个长方形纸条 $ABCD$ 的一端 AB 固定,另一端 DC 扭转半周后,把 AB 和 CD 黏合在一起,得到的曲面就是莫比乌斯带了。我们也用剪刀沿着中线剪开这个莫比乌斯纸带,猜猜会变成什么样子呢?

　　我们发现普通的纸圈剪开后是两个分开的纸圈，而莫比乌斯带剪开后变成一个更大的莫比乌斯带。这说明了神奇的莫比乌斯带是有一个曲面。莫比乌斯带不仅仅好玩有趣，而且还被应用到生活的方方面面，比如有些过山车的跑道采用的就是莫比乌斯带的原理（见图 10-12）。

图 10-12　过山车

评价

　　这个项目你完成得如何？请和你的同伴一起完成表 10-3"浙江信息工程学校'项目性研究'学习评价表"，完成较好的打"A"，一般的打"B"，较差的打"C"。

　　最后，如果你获得了 15 个以上的"A"，说明你完成得很棒！
　　如果你获得了 10 个以上的"A"，说明你已经入门了，继续努力！
　　如果你获得了 5 个以上的"A"，说明你需要加油了！

表 10-3　浙江信息工程学校"项目性研究"学习评价表

学习指标	自评	他评
参与活动的积极性		
对活动实际意义的理解		
活动中的动手能力		
对数学概念及其本质的理解		
想象能力和具象化能力		
发现数学美的能力		
与他人合作的能力		
作品质量		
活动过程中的进步		

(续表)

学习指标	自评	他评
你在过程中遇到了什么困难？		
这个项目中,你收获了什么？		

作业

动手作业:制作"不可能正方体"。

同学们,我们观察如图 10-13 所示的正方体是不是感觉有点怪异,为什么后面的棱竟然会跑到前面去呢？这主要是利用了我们人类视觉的透视原理。那么我们能否尝试着制作这样的"不可能正方体"？

学具准备:木条、手锯、刨子、小刀、胶水、直尺。

参考实验过程:

(1)准备若干木条,利用手锯将这些木条锯成大小、长度都相同的木条。

(2)利用胶水将各个长方体木条进行拼接,使得每根木条两两垂直。你能否组成如图 10-13 所示的正方体？

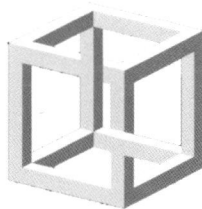

图 10-13　不可能正方体

参考文献

[1]李亚雯.游戏中的概率问题——高尔顿板[J].中学生数学,2015(19).

[2]余雪赞,张淼.平面多边形的拼接[J].数理天地(初中版),2008(08).

[3]赵雨萌.浅析个人住房贷款还款方式的数学优化计算[J].经贸实践,2017(22).

[4]汪晓勤.相似三角形的应用:从历史到课堂[J].中学数学教学参考,2007(18).

[5]宋娜.中国传统扇子设计研究[D].景德镇:景德镇陶瓷大学,2015.

[6]张川川.《神奇的莫比乌斯带》教学案例[J].贵州教育,2018(17).

[7]薄星晨,林佳奇,庄鸿昌.基于 Unity3D 的纪念碑谷手机游戏中出现的视觉欺骗[J].通讯世界,2017(02).

附　录

《生活中的数学》课程标准

本课程是专业教学中普遍都适用的选修核心课程,是学生提高数学素养的基础。

一、课程设计理念

本课程以培养学生的数学素养为导向,根据学生的学习兴趣,以本专业所具备的岗位职业能力为依据,遵循学生认知规律,紧密结合素质教育要求,确定本课程的项目模块和课程内容。

课程教学方法要适合课程教学内容的需要,这样有利于因材施教。课程教学手段要服务于课程教学方法,将现代信息化技术充分应用于教学过程。并设计以成果为目标、以动手主动学习为基本要求、以"做中学"为基本形式的"教、学、做"一体化的教学模式,在"做""找资料""调查""实验"等一系列的活动中促进每个学生的智力强项以及积极的个性心理特征,逐步养成数理思维能力。

二、课程设计思路

本教材选用项目教学法,给学生提供了许多综合运用所学的基本知识、技能的机会,它在许多方面超出了传统的教与学活动。学生投入到学习活动中,激发他们以自身的方式学习,促进他们终身学习技能和素质的发展。同时本教材倡导有意义的数学学习方式——小组合作学习法,强调学生学习数学是一个现实的探索、理解、合作和总结的过程,着力于学生学习方式的转变,体验合作的快乐,培养团队意识,激发学习兴趣。

内容上,本教材选取了学生感兴趣的、与生活相关的、实用性强的知识作为项目课题。选取的知识适合于任何一个班级,以便于全校、全省的推广,且不受专业的局限。

教学模式上,课时减少,总共为 40 课时,分为 10 个项目,每一个项目 4 课时。暂时拟定每个项目的第一个课时完成理论教学,第二、第三个课时动手实践、制作或者户外实践,第四个课时进行汇报、评价,具体依项目情况而定。教学方法上采取多样化教学,尽量把数学知识用游戏、实验、调查、方案等形式体现出来。利用各种不同的教学情境、教学方法来激发学生的思维,使学生产生学习数学的轻松体验,不再惧怕数学。

具体项目教学均采用小组合作方式,将学生分为 6～8 人一组,设立一名小组长。针对生活中的数学问题,学生通过合作共同探索,也体验到了问题解决的成就感,增强了团队意识。同时小组中每个人都有机会发表自己的观点与看法,也乐于倾听他人的意见,使学生感受到学习是一件愉快的事情,从而满足了学生的心理需要,提高了学习数学的积极性。

在本课程的评价中,小组长负责安排每次项目完成"浙江信息工程学校'项目性研究'进度记录表"(每组一份)和"浙江信息工程学校'项目性研究'学习评价表"(每人一份)。每个项目需要完成组内自评、组间互评、教师评价,对小组成员的评价分为自我评价、组内互评、教师评价。

预计效果:中职生因为数学基础薄弱,对传统数学教材难以提升兴趣。通过本课程的学习后,对数学文化有了一定的了解,学会发现身边的数学,感受数学的奇妙,自然而然也就提升了学习数学的热情。同时,学生还掌握了收集和处理信息的能力、获取新知识的能力、分析和解决问题的能力以及交流与合作的能力,能培养学生全方面综合素质。

三、课程设计目标

1. 了解和掌握一些基本数学知识

(1)了解一些数学家的故事。

(2)掌握相似三角形、复利、概率、三角函数、线性规划、几何等知识。

2. 分析数学原理

(1)会利用相似三角形、复利、概率、三角函数、线性规划、几何等知识解决生活中的数学问题。

(2)培养基本数学建模能力,提升数学素养。

3. 会填写实验报告、查找资料、制作教学用具并进行汇报展示

(1)会查找所需的资料,收集可用的信息。

(2)能撰写数学实验报告、方案等,并进行分享与交流。

(3)能进行教学用具的制作,并阐明原理。

4.能够转变学习方式,体验合作的快乐,培养团队意识,激发学习数学的兴趣

(1)能和同学合作学习。

(2)能自觉清理场地、归置物品。

四、课程教学大纲

1.基础知识和技能(30%)

(1)学习相似三角形、复利、概率、三角函数、线性规划、几何等基本数学知识,了解其应用范围和条件。

(2)理解数据的意义,能够进行基本的查找数据、测量物体的操作。

(3)能够进行知识迁移,学会多种尝试,能够进行比较。

(4)认识数学在生活中的作用,了解其严谨性、科学性、美观性。

2.应用知识和技能(50%)

(1)认识到现实生活中蕴含着大量的数学信息,数学在现实世界中有着广泛的应用。

(2)面对实际问题时,能主动尝试着从数学的角度运用所学知识和方法寻求解决问题的策略,并形成报告或者方案。

(3)面对新的数学知识时,能主动地寻找其实际背景,并探索其应用价值。

(4)能通过收集数据、描述数据、分析数据的过程做出合理的决策,认识到统计对决策的作用。

(5)能从具体情境中抽象出数量关系和变化规律,并用符号来表示,理解符号所代表的数量关系和变化规律,能选择适当的程序和方法解决用符号所表达的问题。

3.综合拓展知识和技能(20%)

(1)学会与同学合作,掌握沟通的方法,能够进行团队合作。

(2)学会展示成果,能做到条理清晰、表达清楚。

五、课程教学内容

【项目一】走进数学家们的世界

【项目二】如何测量篮球架的高度

【项目三】如何在弹珠机中找到概率

【项目四】住房贷款还款方式如何选择

【项目五】如何制作弧形工艺品

【项目六】相机电池的合理使用

【项目七】如何解决下料问题

【项目八】如何在平面上镶嵌

【项目九】电影《神探夏洛克》中的数学

【项目十】如何制作"不可能三角形"

六、课程实施建议

1.教学实施建议

(1)引导学生完整体验项目任务认知—分析—执行—总结的过程。

在教学中应让学生亲历由一系列环节组成的教学活动,密切结合学生的认知水平,激发学生对学习内容的兴趣,促使其主动、有效地参与全过程,以使学生获得比较完整的体验。在教学过程中,教师还要以引导者的身份创设一种开放、活跃、进取的学习氛围,使教学真正成为生动活泼、师生互动的过程,使全体学生在学习过程中都得到发展。

(2)重视"实践—认识—再实践—再认识"的学习指导。

在解决具体技术问题的过程中,要重视对学生进行技术思维和方法的学习指导,并把它贯穿在整个教学过程中。技术思维和方法的获得并非通过一次实践就能解决,而是要经过"实践—认识—再实践—再认识"的多次循环。项目任务执行往往会遭遇失败,教师要指导学生分析失败的原因,鼓励学生树立克服困难的信心和不怕挫折的意志。

(3)倡导合作化的学习方式。

要针对不同的学习内容和学生差异,特别重视合作学习方式在技术教学中的应用,可以让学生分工协作组成模拟生产线来完成任务。在合作学习过程中,要注意调动每个学生的主动性与积极性,注重分工的合理性和均衡性;发挥小组全体成员的作用,形成优势互补;激发每个小组团体成员的集体荣誉感,加强成员之间、小组之间的及时沟通和交流,培养人际交往和沟通能力,形成与他人协作、分享与共进的态度和团队精神。

(4)注重信息技术在教学中的使用。

要积极创设条件,利用信息化交互技术、数字化资源改变教和学的方式,降低学习技术的难度,提高学习技术的效率。

2.教学场地建议

设置《生活中的数学》理实一体信息化课程教室,课程教室分为五块功能区域,分别是材料区、多媒体交互展示区、理实一体化教学区、讨论区和操作示范区,实现完整的"一体化"教学模式。

在教学区,设有三人共用的课桌,内部放置常用的工具,安装有电源插座,既是学习用的课桌,也是操作用的工作台。

在讨论区,设有六边形讨论桌,当学生在自主完成项目任务中遇到问题时,可以到讨论区进行小组间交流,也可以和教师进行单独交流。

在材料区,配有教学项目制作所需的各种材料,能满足教学使用,也配有其他各类与课程相关的材料,满足学生自主提出的课题研究需求。

在示范区,配有标准的工作台,当项目较复杂时,教师可以在示范区进行操作示范,也可以对学生做的项目进行示范展示,同时示范区应有摄像同步上传装置,可以将教师的示范过程同步在多媒体交互展示区播放。学生工作台也可选择安装摄像同步上传装置,便于将学生小组的制作过程同步在多媒体交互展示区播放。专用教学场地如附图1所示。

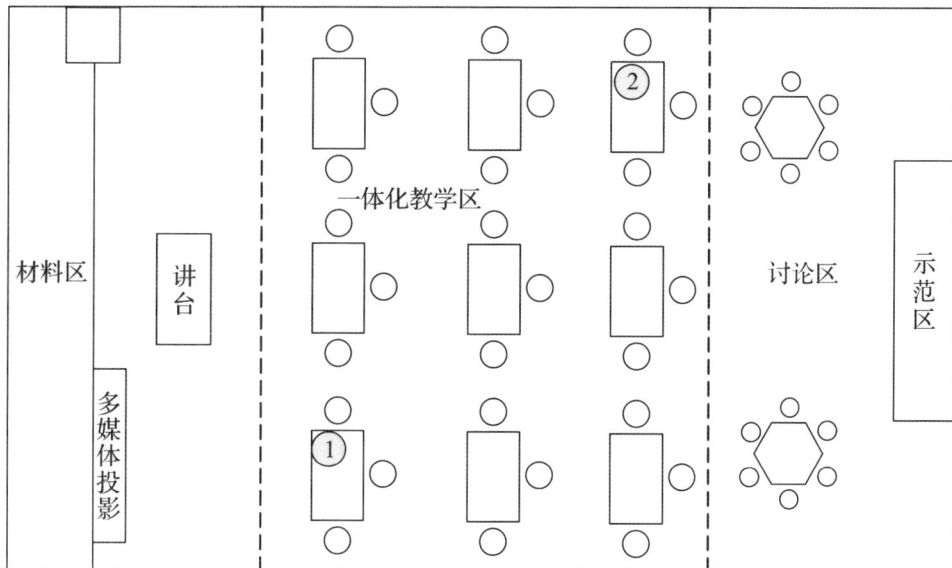

①②—摄像头

附图1 专用教学场地

3.教学评价建议

对学生的课程学习既要有统一的、阶段性的评价,如某一项目教学结束之后的测试或对作品的评价,也要在学生的学习过程中根据具体情况予以日常性的随机评价。要善于捕捉评价的最佳时机,要关注学生在设计和制作关键环节中的表现,要关注学生在学习制作中的独特想法、取得的重要进展,并采取相应的评价措施。评价不仅要关注学生技术学习的结果,更要注重学生在技术活动过程中的收获和对技术思想及方法的理解、体验,应把学生在技术学习过程中的参与程度、参与水平和情感态度等作为评价的重要指标,要通过有针对性的评价改善教师的教学,使所有学生在原有基础上都得到发展。

可以设计"过程+终端"的考核方式(见附图 2),过程考核按每个教学项目的完成情况计分。终端考核为"理论+技能"考核,基础理论考核占 30%,基本技能考核占 70%,理论考试以每个项目的思考练习题为主,技能操作考试是在所学项目中随机抽取进行考核,最后得出课程的学习考核结果。

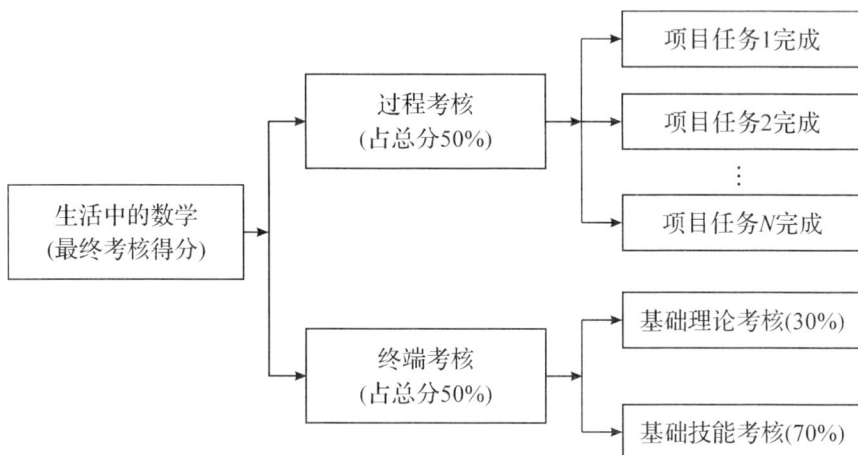

附图 2 "过程+终端"的考核方式